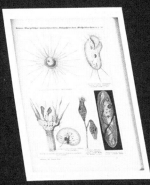

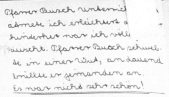

STUKAS

JUNKERS
JU 87

SABINCHEN WAR EIN
FRAUENZIMMER
FRANEK 2013

FRANEK

als die Soldaten Schäfer waren

nicolai

Für Nina & Tobias

„ ... vielleicht ist nichts furchtbarer und unheimlicher an der ganzen
Vorgeschichte des Menschen, als seine Mnemotechnik. Man brennt etwas ein,
damit es im Gedächtnis bleibt: nur was nicht aufhört, wehzutun, bleibt
im Gedächtnis."

Dietmar Kamper: Zeichen als Narben. In: Elementarzeichen, herausgegeben von
Neuer Berliner Kunstverein, 1985, S. 163

Was machst du da?

Auf dein Werk zurückblickend fallen dir Motive auf, die dir
in Augenblicken deines Lebens - insbesondere deiner Kindheit - begegnet sind, die du gesehen, wahrgenommen aber
nicht verstanden hast: verrätselte traumatische Simulakren.
Hat dein Leben etwas mit deiner Kunst zu tun?
Warum beschäftigst du dich seit Jahren mit dem Thema
„Kindersoldaten", mit Kriegsspielzeug und Kriegsgeschehen?
Krieg gibt es seit Menschengedenken. Er hinterlässt Erinne-
rungsspuren, Narben einer ausgelöschten Vorgeschichte. Schon
das Wort weckt Ängste, negative Gefühle, Abwehr - aber auch
Faszination, insbesondere wenn eigene Familienschicksale
damit verbunden sind.

Den Bildern werden Texte zugeordnet: kleine Geschichten,
angedeutete Informationen.
So wie ein Schauspieler sich eines Subtextes als Technik
bedient, um den künstlerisch überformten Text mit Leben und
Ausdruck zu füllen, so übernehmen die den Bildern zugeordne-
ten Texte die implizite Bedeutung einer Mitteilung: SUBTEXT.

Es entsteht eine Auseinandersetzung mit der Vergangenheit
und der Gegenwart, gespiegelt im bildnerischen Werk - eine
Zeitschleife.

... als die Soldaten Schäfer waren ...
ein Erinnerungskaleidoskop

Du erinnerst dich. Um sich den Erinnerungen anzunähern,
wählst Du die Form eines Zwiegesprächs. Das Kind denkt und
malt mit.

Deine Erinnerungen an die Zeit während des Zweiten Welt-
krieges sind vage, unscharf. Gedächtnisfetzen, fragmen-
tarische Bilder, die, wie in einem schlecht gelagerten
Schwarz-Weiß-Film, ineinander verschwimmen. Die Gedächtnis-
nachrichten überlagern sich.
Die Bilder in deinem Kopf bekommen nach Kriegsende zunehmend
Kontur, Farbe und Eigenleben. Manchmal entstehen Zusammen-
hänge, doch vorwiegend bleiben die erlebten Ereignisse eine
Folge von Einzelbildern in verschiedenen Einstellgrößen:
TAKES.

Mit einem entscheidenden Erlebnis beginnst Du deine
Rückblende.

TAKE 1

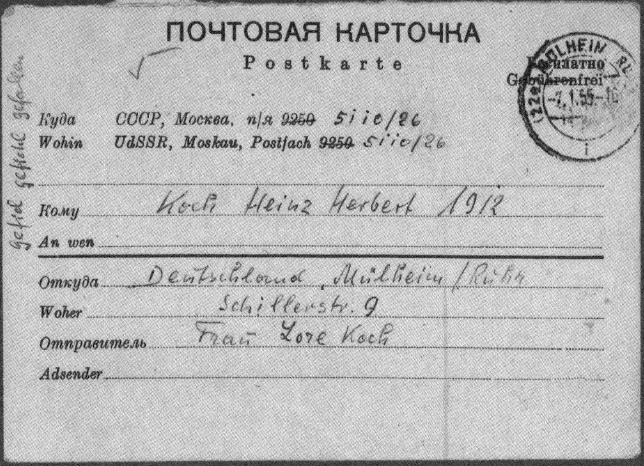

ПОЧТОВАЯ КАРТОЧКА
Postkarte

Куда   СССР, Москва, п/я 9250 5110/26
Wohin UdSSR, Moskau, Postfach 9250 5110/26

Кому   Koch Heinz Herbert 1912
An wen

Откуда Deutschland Mülheim / Ruhr
Woher   Schillerstr. 9
Отправитель Frau Lore Koch
Adsender

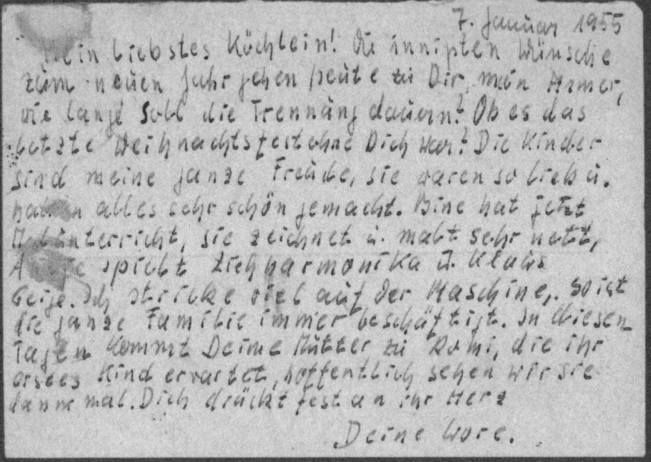

Handwritten reverse:
7. Januar 1955
Mein liebstes Küchlein! Die innigsten Wünsche zum neuen Jahr gehen heute zu Dir, mein Armer, wie lange soll die Trennung dauern! Ob es das letzte Weihnachtsfest ohne Dich war? Die Kinder sind meine ganze Freude, sie waren so lieb u. haben alles sehr schön gemacht. Bine hat jetzt Nähunterricht, sie zeichnet u. macht sehr nett, Astrid spielt Ziehharmonika u. Klaus Geige. Ich stricke oft auf der Maschine, so ist die ganze Familie immer beschäftigt. In diesen Tagen kommt Deine Mutter zu Romi, die ihr erstes Kind erwartet, hoffentlich sehen wir sie dann mal. Dich drückt fest an ihr Herz
    Deine Lore.

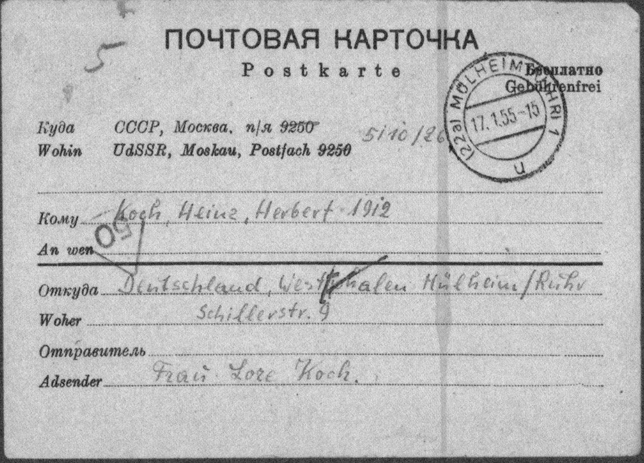

ПОЧТОВАЯ КАРТОЧКА
Postkarte

Куда   СССР, Москва, п/я 9250 5110/26
Wohin UdSSR, Moskau, Postfach 9250

Кому   Koch, Heinz, Herbert 1912
An wen

Откуда Deutschland, Westphalen Mülheim / Ruhr
Woher   Schillerstr. 9
Отправитель
Adsender Frau Lore Koch

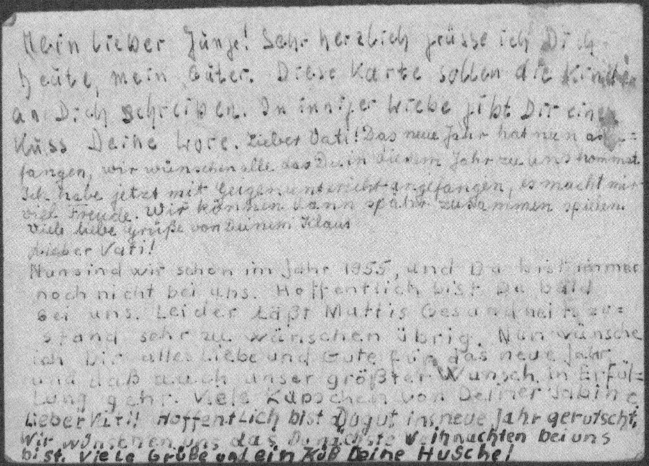

Handwritten reverse:
Mein lieber Junge! Sehr herzlich grüße ich Dich heute, mein Guter. Diese Karte sollen die Kinder an Dich schreiben. In inniger Liebe gibt Dir ein Küss Deine Lore. Lieber Vati! Das neue Jahr hat neu angefangen, wir wünschen alle, daß Du in diesem Jahr zu uns kommst. Ich habe jetzt mit Geigenunterricht angefangen, es macht mir viel Freude. Wir können dann später zusammen spielen. Viele liebe Grüße von Deinem Klaus
Lieber Vati!
Nun sind wir schon im Jahr 1955, und Du bist immer noch nicht bei uns. Hoffentlich bist du bald bei uns. Leider läßt Muttis Gesundheitszustand sehr zu wünschen übrig. Nun wünsche ich Dir alles Liebe und Gute für das neue Jahr und daß auch unser größter Wunsch in Erfüllung geht. Viele Küsschen von Deiner Sabine
Lieber Vati! Hoffentlich bist Du gut ins neue Jahr gerutscht. Wir wünschen uns, daß Du nächste Weihnachten bei uns bist. Viele Grüße und ein Kuß Deine Husche!

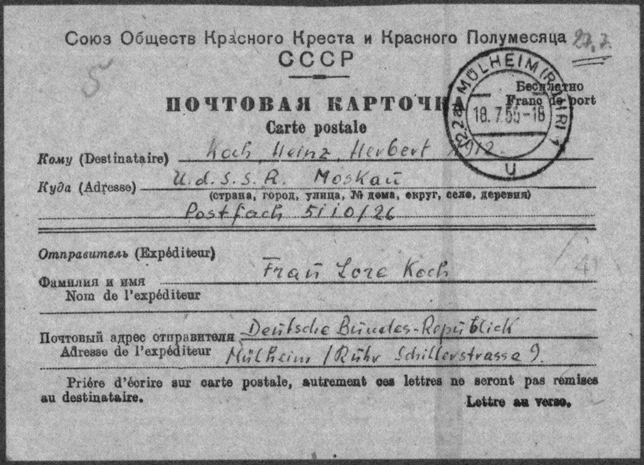

Союз Обществ Красного Креста и Красного Полумесяца
СССР
ПОЧТОВАЯ КАРТОЧКА
Carte postale

Кому (Destinataire) Koch, Heinz Herbert 1912
Куда (Adresse) U.d.S.S.R. Moskau
(страна, город, улица, № дома, округ, село, деревня)
Postfach 5110/26

Отправитель (Expéditeur) Frau Lore Koch
Фамилия и имя
Nom de l'expéditeur

Почтовый адрес отправителя Deutsche Bundes-Republik
Adresse de l'expéditeur Mülheim / Ruhr Schillerstrasse 9

Prière d'écrire sur carte postale, autrement ces lettres ne seront pas remises au destinataire. Lettre au verso.

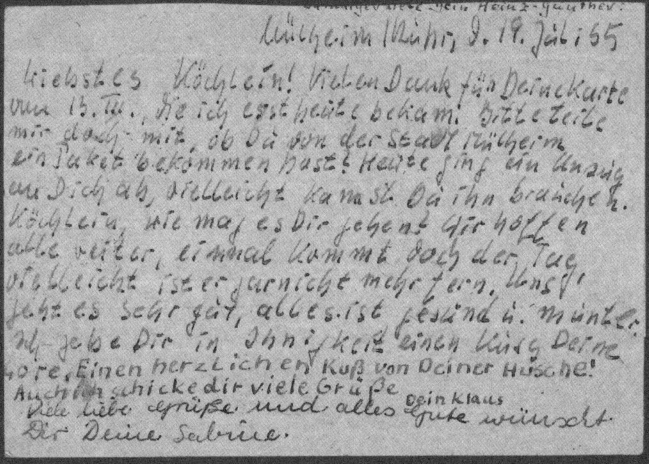

Handwritten reverse:
Mülheim / Ruhr, d. 14. Juli 55
Liebstes Küchlein! Vielen Dank für Deine Karte vom 13. VI. die ich erst heute bekam. Bitte teile mir doch mit, ob Du von der Stadt Mülheim ein Paket bekommen hast. Heute ging ein Anzug an Dich ab, vielleicht kannst Du ihn brauchen. Küchlein, wie mag es dir jetzt gehen, wir hoffen alle weiter, einmal kommt doch der Tag, vielleicht ist er garnicht mehr fern. Uns geht es sehr gut, alles ist gesund u. munter. Ich gebe Dir in Innigkeit einen Kuß Deine Lore. Einen herzlichen Kuß von Deiner Husche!
Auch ich schicke dir viele Grüße Dein Klaus
Viele liebe Grüße und alles Gute wünscht Dir Deine Sabine.

Postkarten vom 7.1.1955, 17.1.1955 und 18.7.1955
Vorderseiten und Rückseiten

Am 20. Oktober 1955 kehrte der Vater heim. Er kam nach zwölf Jahren aus Russland zurück in die Bundesrepublik Deutschland.

Du hattest kaum eine Erinnerung an ihn, war er doch immer nur kurz auf Fronturlaub zu Hause gewesen, da warst du ein Jahr, zwei Jahre, drei Jahre alt.
Du wusstest, er befand sich seit vielen Jahren in russischer Gefangenschaft. Dass er zuerst in der Zitadelle zu Minsk in einer Einzelzelle war, dann nach Asbest verlagert wurde, um dort Asbest zu schürfen, und schließlich in Workuta am Eismeer, nördlich des Polarkreises, Eisenbahnschienen verlegte, später in einer Tischlerei arbeitete (wo er sich eine Geige baute), erfuhrst du erst nach seiner Rückkehr zu seiner Familie in Mülheim an der Ruhr.
Für dich war er ein Fremder, ein fremder Mann, der dich umarmte. Du warst 16 Jahre alt und deine Haltung ihm gegenüber war Abwehr.

In den letzten Jahren vor seiner Heimkehr kamen hin und wieder Postkarten aus Russland, die er an seine Frau - auch an seine Mutter und Schwiegermutter - schrieb. Angehängt war eine Rückantwortkarte, die abgetrennt und mit lieben Worten an ihn zurückgeschickt wurde.

Pfarrer Busch unterricht. Erst atmete ich erleichtert auf, aber hinterher war ich völlig ent-täuscht. Pfarrer Busch schwelg-te in einer Wut, andauernd brüllte er jemanden an. Es war nicht sehr schön!

26.9.53.

Heute waren wir beinah fest über-zeugt, daß unser Vati kommen würde. Aber bis jetzt ist er noch nicht da! Es wäre auch mit vie-len Schwierigkeiten verbunden, Muttis Feldzulage würde uns nicht mehr treffen, was sollte Onkel Walter machen, wenn der

Vati käme? trotzdem wünschte ich eines Tages würde er uns mit seiner Ankunft überraschen! — Heute hatten wir Hockey, wir spielten gegen Duisburg „Preußen". Beinah stünde es 3:3 aber das letzte Tald nicht mehr, es war schon abgepfiffen, also hatten wir verloren!

27.9.53.

In erwartungsvoller Spannung waren wir heute die ganze Zeit. Immer dachten wir der Vati müßte kommen! Wir hörten dauernd die Nachrichten und die Verlesung der Namen der

freigelassenen Kriegsgefangenen. Aber leider war unser Vati nicht dabei. Mutti ist heute Abend noch einmal zum Hauptbahnhof, um die Kriegs-gefangen, die eintreffen, nach dem Vati zu fragen. Hoffentlich bleibt sie nicht bis Mitternacht dort!?

28.9.53.

Wir warten immer noch auf Vatis Namen im Radio, viel-leicht kommt er bald?! Heute hat sich in der Schule Dr. Weber verabschiedet ist schon vor 2 Jahren pensioniert

worden; da damals aber noch kein Ersatz da war, ist er noch 2 Jahre bei uns geblieben. Jetzt kriegen wir wahrscheinlich 'ne olle Lehrerin?!

29.9.53.

Heute morgen war die Abschieds-feier von Dr. Weber und Prälat Hip-pelts. — Nach dem Unterricht woll-te ich gerne mal wieder zum Ho-key Training, also fuhr ich an-schließend zum Hokey, es war herrlich! Wir, d.h. Gilla Hoyer, Sam und ich bewarfen einen Freund Gillas mit Eicheln und hatten großen Spaß. Dann mach

Am 17. Januar 1955 schriebst du an ihn,
im Anschluss an die Zeilen deiner Mutter und
deines Bruders:

Mein lieber Junge! Sehr herzlich grüsse ich Dich heute, mein Guter. Diese Karte sollen die Kinder an Dich schreiben. In inniger Liebe gibt Dir einen Kuss Deine Lore. Lieber Vati! Das neue Jahr hat nun angefangen, wir wünschen alle das Du in diesem Jahr zu uns kommst. Ich habe jetzt mit Geigenunterricht angefangen, es macht mir viel Freude. Wir können dann später zusammen spielen. Viele liebe Grüße von Deinem Klaus

Lieber Vati!

Nun sind wir schon im Jahr 1955, und Du bist immer noch nicht bei uns. Hoffentlich bist Du bald bei uns. Leider läßt Muttis Gesundheitszustand sehr zu wünschen übrig. Nun wünsche ich Dir alles Liebe und Gute für das neue Jahr und daß auch unser größter Wunsch in Erfüllung geht. Viele Küsschen von Deiner Sabine

In deinem Tagebuch steht am 26. September 1953

Heute waren wir beinah fest überzeugt, daß unser Vati kommen würde. Aber bis jetzt ist er noch nicht da! Es wäre mit vielen Schwierigkeiten verbunden, Muttis Geldzulage würde uns nicht mehr treffen, was sollte Onkel Walter [Freund der Mutter] machen, wenn der Vati käme? Trotzdem wünschte ich eines Tages würde er uns mit seiner Ankunft überraschen!

27. September 1953

In erwartungsvoller Spannung warten wir heute die ganze Zeit. Immer dachten wir der Vati müßte kommen! Wir hörten dauernd die Nachrichten und die Verlesung der Namen der freigelassenen Kriegsgefangenen. Aber leider war unser Vati nicht dabei. Mutti ist heute Abend noch einmal zum Hauptbahnhof, um die Kriegsgefangenen, die eintreffen, nach dem Vati zu fragen. Hoffentlich bleibt sie nicht bis Mitternacht dort!?

gessen haben!

Wir erwarten heute abend Vatis Namen im Radio! Hoffentlich!!!

3.10.53

Die letzte Nacht war furchtbar traurig. Albert Icks, dem Vati seine Angehörigkeiten aus findiggemacht hat, wurde freigelassen, aber unser lieber Vati nicht. Wir, Mutti, Husche und ich, schluchzen zum Herz erbrechen! Heute kam eine Karte vom Vati, daß er in ein anderes Lager gekommen sei! Onkel Wolfgang war gestern in Friedland und traf dort Vatis besten Kameraden, der entlassen worden war. Er erzählte viel vom Vati, daß sie, d.h. alle seine Kameraden, ihm zum Geburtstag eine Geige geschenkt hätten. — Heute hatte ich in der Frans ne „1" (sehr gut dies Mal drin) Meine Freude war unbändig! Als ich nach Hause kam, schenkte Mutti mir dafür jetzt schon einen süßen Backfisch! (echt Silber) Heute nachmittag fuhren wir mit den Rädern nach Müller-Menden und kehrten

dort ein. Unterwegs hatte die Mutti eine Zeitung gekauft. „Generäle werden auch freigelassen", stand in großen Lettern oben über.

Hoffen wir er kommt!

4.10.53.

Heute morgen war ich bei Pfarrer Bamstein in der P.-Kirche. Als ich wieder zu Hause war, brachte ich mit Husche das Essen zum Onkel Walter, da er Mutti gestern erklärt hatte, daß er nicht mehr komme. Er war sehr gut gelaunt und schenkte mir sogar, als ich ihm erklärt hatte, ich hätte in der Frans ne 1, 0,75 DM. Den ganzen Nachmittag malte ich, teils an Vatis Willkommensgruß, teils an den Blockbuchstaben, die wir für zeichnen aufhaben. Dann badete ich in Öl! Es war ein prächtiges Gefühl! Jetzt nach dem Abendbrot, möchte ich noch ein bißchen Geschichte pauken

---

5.10.53

Heute nachdem ich aus der Schule kam, sagte die Mutti, ich müsse mit ihr zum Augenarzt gehen. Als wir dort nach einigem Warten dran kamen, erklärte der Arzt ich sei

28. September 1953

Wir warten immer noch auf Vatis Namen im Radio, vielleicht kommt er bald?! ….

3. Oktober 1953

Die letzte Nacht war furchtbar traurig. Albert Icks, dem Vati seine Angehörigkeiten [Angehörigen] ausfindig gemacht hat, wurde freigelassen, aber unser lieber Vati nicht. Wir, Mutti, Husche [die Schwester] und ich, schluchzten zum Herz [z]erbrechen. Heute kam eine Karte vom Vati, daß er in ein anderes Lager gekommen sei! Onkel Wolfgang [der Bruder der Mutter] war gestern in Friedland und traf dort Vatis besten Kameraden, der entlassen worden war. Er erzählte viel vom Vati, daß sie, d.h. alle seine Kameraden, ihm zum Geburtstag eine Geige geschenkt hätten. … Heute nachmittag fuhren wir mit den Rädern nach Müller-Menden und kehrten dort ein. Unterwegs hatte die Mutti eine Zeitung gekauft. „Generäle werden auch freigelassen", stand in großen Lettern oben [dr]über. Hoffen wir er kommt!

Freitag, 21. Oktober 1955

Decke nach Mülheim zurück

Von Mülheimer Schulklasse angefertigt

„Meine Decke werde ich immer in Ehren halten." Mit diesen Worten hält der Mülheimer Heimkehrer Adolf Vetter, ehemals Oberst und Kommandeur des 39er-Ersatz-Bataillons in Wesel, eine schöne, handgearbeitete Decke hoch, die ihm eine Mülheimer Schulklasse angefertigt hat und in einem DRK-Paket nach Rußland schickte. Adolf Vetter wohnt zur Zeit bei seiner Schwester auf der Adolfstraße. Seine Wohnung in Wesel ist völlig zerstört.

Adolf Vetter ist im August 1944 in Rumänien in Gefangenschaft geraten. Er kam dann in verschiedene Läger und wurde im März 1950 zu 25 Jahren Zwangsarbeit verurteilt. Drei Jahre blieb er im Lager Maximowka im Don-Gebiet.

Aktiver Sportler

Im Februar 1954 wurde der ehemalige Oberst Adolf Vetter in das Lager Asbest — 200 km ostwärts von Moskau — verlegt. Dort traf er auch den zweiten Heimkehrer, den wir gestern besuchten, den Oberstleutnant i. G. Heinz-Günther Koch aus Mülheim (Ruhr). Von dort aus kamen beide jetzt in die Heimat — und zwar direkt, ohne noch einmal innerhalb Rußlands verlegt zu werden. Adolf Vetter ist übrigens ein alter aktiver Fußballer — er will sich zunächst einmal gründlich erholen.

Nach Asbest

Der ehemalige Oberstleutnant i. G. Heinz-Günther Koch, Schillerstraße 9, befand sich bei der Kapitulation auf der Halbinsel Hela. Er wurde zunächst nach Ostpreußen gebracht und später in die berüchtigte Zitadelle von Minsk. Mit 20 politischen und kriminellen Häftlingen — unter ihnen auch Mörder — lebte Koch lange Zeit in einer Zelle, bis er 1948 ebenfalls zu 25 Jahren verurteilt und schließlich nach Workuta gebracht wurde. Auch hier mußten die Deutschen mit Mördern und anderen Verbrechern zusammen leben und arbeiten. Über Stalingrad ging es schließlich nach Asbest.

Mit Prof. Heuss

Heinz-Günther Koch hat in Friedland den Empfang durch Bundespräsident Heuss und Kardinal Frings mit-

gemacht. Mit weiteren drei ehemaligen Offizieren hat er mit dem Bundespräsident zu Mittag gegessen. „Anschließend wurden wir von Reportern bestürmt", sagte uns gestern Heinz-Günther Koch, „sie wollten unbedingt wissen, was der Bundespräsident zu uns gesagt hat."

Auf der Schillerstraße herrschte natürlich große Freude, als Heinz-

Vetter mit der Decke

Günther Koch im Mülheim ankam. Leider ist die Wohnung inzwischen zu klein geworden. Die Kinder sind mittlerweile herangewachsen — und die beiden Töchter mußten zu Verwandten umquartieren . . .

Heinz-Günther Koch mit seiner Familie

Hans Günther Koch und Adolf Vetter:

Erbsensuppe mit Landesvater

Zwei Heimkehrer aus dem Lager Asbest wieder in Mülheim

Auf jeder Stufe der Treppe zur dritten Etage, Schillerstraße 9, steht ein Blumentopf, und in der Wohnung stehen Blumen über Blumen. Hier herrscht seit eineinhalb Tagen große Freude. Seit vorgestern abend ist Hans Günther Koch endlich wieder zu Hause. Seine junge Frau und die

A. VETTER

drei Kinder, zwei Mädchen und ein Junge, sind überglücklich. Zusammen mit vier anderen Heimkehrern wurde Koch im Lager Friedland eingeladen, mit Bundespräsident Heuss zu essen. Es gab eine prima Erbsensuppe mit

Fleischeinlage und die erste Zigarre nach über zehn Jahren. „Leider konnte ich sie nicht zu Ende rauchen", meint Koch bekümmert, „denn die Tafel wurde aufgehoben!"

Inzwischen war auch Frau Koch in Friedland eingetroffen. Gerade als ihr Mann seinen ersten „Zivilanzug" in Empfang nahm, stand sie vor ihm. „Plötzlich fiel sie mir zum Gaudium aller Umstehenden um den Hals", erzählt Hans Günther Koch strahlend. Nachdem die erste Wiedersehensfreude vorbei war, ging das Erzählen los. Einiges wußte Frau Koch natürlich schon, denn die erste Post kam schon 1945 aus einem russischen Kriegsgefangenenlager. Auf der Halbinsel Hela war der gebürtige Potsdamer und ehemalige Generalstabsoffizier als 33jähriger in Gefangenschaft geraten. Dann begann der zehn Jahre dauernde Leidensweg. Zwischendurch durfte er seiner Familie vier Jahre lang nicht schreiben. Er saß damals 17 Monate im Gefängnis in Minsk, und wartete auf die Aburteilung, die auf 25 Jahre Arbeitslager lautete. Dann kam die grausige Zeit im Lager Workuta, nördlich des Polarkreises, in dem auch russische Verbrecher saßen.

„Ich habe einmal eine Woche lang mit einem 18fachen Mörder Schach gespielt", erinnert sich Koch. 1951 kam er in das Lager Asbest, gehörte dort zu den maßgeblichen Leuten der „Opposition", die laufend mit der GPU in Konflikt kamen, durfte aber seiner Familie wieder schreiben.

Übrigens gab es noch einen kleinen Schreck bei der Heimkehr. Der Sohn des Hauses, den der Vater nur als Säugling kannte, war in der Turnstunde vor Freude von der Leiter gestürzt.

Der VW-Bus Wilhelm Gundlachs

brachte noch einen zweiten Heimkehrer am Mittwochabend mit. Es ist der 62jährige Adolf Vetter. Er geriet im August 1944 in Rumänien in russische Kriegsgefangenschaft und wurde sechs Jahre später zu 25 Jahren Arbeitslager verurteilt. Auch er hat mehrere russische Lager und ihre Greuel erlebt. Zuletzt kam er ins Lager Asbest. Da er Invalide war, brauchte er nicht außerhalb des Lagers zu arbeiten, sondern wurde mit Reinigungsarbeiten beauftragt. Aber es fehlte an allem.

Auch in der Wohnung in der Adolfstraße stehen Blumen und Liebes-

H. G. KOCH

gaben und die Schwester ist mehr als glücklich, daß sie ihren einzigen Bruder wieder hat.

A. B.

Zeitungen berichten über die Heimkehr des Vaters

Deine Zeilen an ihn und deine Tagebuchaufzeichnungen zeigen
eine tiefe Spaltung: Einerseits soll er zurückkommen, andererseits hast du Angst vor dem, was dann passieren könnte.
Hilflosigkeit und Kümmernis begleiten dich über Jahre.

Jetzt ist der lang Ersehnte plötzlich da, körperlich greif-
bar, ein Störenfried in deiner von der geliebten Mutter
bestimmten Existenz.

Für die Stadt Mülheim wird die Rückkehr des Spätheimkehrers als großes Ereignis
gefeiert. In den Zeitungen Anteil nehmende Berichte über die vermeintlich glück-
liche Familie.

Auf der Stufe der Treppe zur dritten Etage, Schillerstraße 9, steht ein Blumentopf,
und in der Wohnung stehen Blumen über Blumen. Hier herrscht seit eineinhalb
Tagen große Freude. Seit vorgestern abend ist Hans Günther Koch endlich wieder zu Hause. Seine junge Frau und die drei Kinder, zwei Mädchen und ein Junge,
sind überglücklich. Zusammen mit vier anderen Heimkehrern wurde Koch im Lager
Friedland eingeladen, mit dem Bundespräsident Heuss zu essen. Es gab eine prima
Erbsensuppe mit Fleischeinlage und die erste Zigarre nach über zehn Jahren. „Leider konnte ich sie nicht zu Ende rauchen", meint Koch bekümmert, „denn die Tafel
wurde aufgehoben!"
Inzwischen war auch Frau Koch in Friedland eingetroffen. Gerade als ihr Mann seinen
ersten „Zivilanzug" in Empfang nahm, stand sie vor ihm. „Plötzlich fiel sie mir zum
Gaudium aller Umstehenden um den Hals", erzählt Hans Günther Koch strahlend.
Nachdem die erste Wiedersehensfreude vorbei war, ging das Erzählen los. Einiges
wußte Frau Koch natürlich schon, denn die erste Post kam schon 1945 aus einem
russischen Kriegsgefangenenlager. Auf der Halbinsel Hela war der gebürtige Potsdamer und ehemalige Generalstabsoffizier als 33jähriger in Gefangenschaft geraten. Dann begann der zehn Jahre dauernde Leidensweg. Zwischendurch durfte er
seiner Familie vier Jahre lang nicht schreiben. Er saß damals 17 Monate im Gefängnis in Minsk, und wartete auf die Aburteilung, die auf 25 Jahre Arbeitslager lautete.
Dann kam die grausige Zeit im Lager Workuta, nördlich des Polarkreises, in dem
auch russische Verbrecher saßen.
„Ich habe einmal eine Woche lang mit einem 18fachen Mörder Schach gespielt",
erinnert sich Koch. 1951 kam er in das Lager Asbest, gehörte dort zu den maßgeblichen Leuten der „Opposition", die laufend mit der GPU in Konflikt kamen, durfte
aber seiner Familie wieder schreiben.
Übrigens gab es noch einen kleinen Schreck bei der Heimkehr. Der Sohn des Hauses, den der Vater nur als Säugling kannte, war in der Turnhalle vor Freude von der
Leiter gestürzt. …

forex mit
Beiwagen

Die Realität sieht anders aus. Nach mehr als einem Jahrzehnt Abwesenheit ist der Mann auch der Mutter fremd geworden. Während ihn die Hoffnung auf das Wiedersehen mit seiner Frau und seinen drei Kindern am Leben hielt, kämpfte sie um das täglich Brot für die Kinder, und vor allem war sie eine große Beschützerin. Um die Kinder vor weiteren Ängsten zu bewahren, verfälschte sie die Wirklichkeit. Kriegsgeschichten und Horrormeldungen hielt sie vor ihnen fern, im Glauben, damit die kindliche Seele (so ihre Worte später) zu schonen.

Die Kinder spüren die Bedrängnis und Verzweiflung der Mutter.

> Die beiden Mädchen, deine Schwester und du, weichen den
> Bemühungen um Zuneigung und Verständnis des Vaters aus. Sie
> hatten jahrelang den Freund der Mutter, der in den Notzeiten
> immer hilfreich zur Stelle war, ins Herz geschlossen. Dein
> vier Jahre jüngerer Bruder reagierte offen und unverstellt
> dem Vater gegenüber, war aber zu klein, um ihm die Situation
> zu erleichtern.

Der Freund der Mutter war den Kindern ein Ersatzvater geworden. Nach dem Krieg und italienischer Gefangenschaft suchte er nach seiner Jugendfreundin, und fand sie in Mülheim an der Ruhr wieder. Da er nicht in der Partei gewesen war, wurde er sogleich als Richter für Wiedergutmachung eingesetzt. Er war der „Retter in der Not". Außerdem „punktete" er bei den Kindern auf der ganzen Linie: Er fuhr eine Horex, ein Motorrad mit Beiwagen. Das größte Vergnügen war, mitfahren zu dürfen!

> Du erinnerst dich an dein schlechtes Gewissen, die Schuld-
> gefühle, es nicht fertigzubringen, sich dem fremden Vater
> freundlich anzunähern. Außer mit deiner Freundin I.J.
> konntest du mit niemanden über den von dir empfundenen
> „Verrat" reden. Selbstzweifel und eine Angst vor den noch
> kommenden Geschehnissen breiten sich in deinem Inneren
> aus, während du nach außen - besonders in der Schule - ein
> glückliches Kind spielst.

Am 8. Januar 1958 wurden die Eltern geschieden.

Anmerkung:
Der Vater verlobte sich einen Tag nach der Scheidung, am 9. Januar, und heiratete im Mai des gleichen Jahres wieder. (Für die Mutter unfassbar.) Er gründete eine neue Familie mit weiteren drei Kindern.
Die Mutter, zermürbt von all den Geschehnissen, nahm die Beziehung zu ihrem Jugendfreund, dem geliebten Ersatzvater, wieder auf. Sie heiratete ihn drei Jahre später. Für dich ist sie ein Opfer des Krieges. 1916 geboren und selbst ohne Vater aufgewachsen - er fiel im Ersten Weltkrieg -, verkümmerte sie nach all den Erschütterungen, moralischen Schuldgefühlen und einem langweiligen Dasein in einer Kleinstadt. Ohne eine sinnvolle Tätigkeit und ohne ihre Kinder starb sie viel zu früh 1984 in ihrem 68sten Lebensjahr.

TAKE 2

Die Hochzeit, 1938

Sabine

Am 1. September wurde unser Töchterchen geboren.

Dies zeigen hocherfreut an

Lore Koch, geb. Lusig

Heinz-Günther Koch
Oberleutnant

Potsdam, Gardeducorpsstraße 20

Z. Zt. Privatklinik Dr. Caspary, Roonstr. 11

Geburtsanzeige, 1939

Die Eltern, 1938

Der Vater mit Quecksilber, 1938

Mutter und Kind, 1940

Der Steinlöwe, 1940

Die Schwestern, 1940

Die Mutter, 1936

Vater und Kind, 1941

Polenfeldzug

Der Anfang war so glücklich gewesen. Die Heirat 1938, ein Jahr danach das erste Kind.

Am 1. September 1939 rief die Mutter den Vater an - er war damals Offizier im Generalstab - und sagte: „Es geht los!" Er darauf: „Das weiß ich schon". Sie sprach von deiner Geburt, er vom Beginn des Zweiten Weltkrieges.

Es war der Tag, als die deutschen Truppen in Polen einmarschierten, für dich bedeutet der Zusammenfall dieser beiden Ereignisse: Der Zweite Weltkrieg begann mit deiner Geburt.

Bis heute hast du ein Problem, dein Geburtsdatum anzugeben. Die Verknüpfung Geburt und Krieg erzeugt Scham, als hättest du den Zweiten Weltkrieg angezettelt. So wurde von Verwandten darüber gesprochen; ein Baby in der Mangel der Verschwörungstheorie.
Inzwischen staunt keiner mehr, die jüngeren Generationen kennen das Datum gar nicht.

Die Schwester kam 1941 auf die Welt, der Bruder wurde 1943 geboren. Der Vater war im Krieg und galt ab April 1945 als vermisst.

In deiner Erinnerung verbrachtest du deine frühe Kindheit hauptsächlich in einem Luftschutzkeller in Potsdam. Zuerst wurden die Geschwister in den Keller gebracht, wo immer viele Menschen waren. Du kamst als Letzte dran, da dir vorher eine Beinschiene aus Metall und Leder mit unzähligen Ösen zum Schnüren abgenommen werden musste. Niemand sollte sehen, dass du nachts wegen einer Fehlbildung deines rechten Fußes eine Orthese (würde man es heute nennen) trugst. Waren die Kinder in vermeintliche Sicherheit gebracht, ging die Mutter häufig zurück in die abgedunkelte Wohnung, um den britischen Nachrichtensender BBC zu hören.

Das Fotoalbum - ein völlig anderer Blick auf die frühen Kriegsjahre.
Schaust du dir das Fotoalbum „Unser Kind" an, entsteht der Eindruck einer eher heiteren sorglosen Welt. Du streichelst den Steinlöwen im neuen Garten in Potsdam.

Auf einem Foto sieht man dich mit dem Vater in einem verschneiten Park in Potsdam Schneebälle formen, er lacht.

Finnenmütze

Vaters Uhr

Teekessel

Du trägst die „Finnenmütze", die der Vater dir aus Finnland
mitgebracht hat. Über dem Foto steht:

Vati im Januar 1942 auf Urlaub!

Ein Jahr später läufst du durch den Schnee und ziehst die
kleine Schwester auf einem Schlitten hinter dir her.

Die ersten beiden Kriegsjahre verbrachte der Vater in Finnland. Jahre später sprach
er von der finnischen „Kameradschaft", war fasziniert von den finnischen Wäldern,
der Seenlandschaft und der Musik. Jean Sibelius wurde sein Lieblingskomponist.
Bei seinem ersten Urlaub brachte er ein kupfernes Teekesselchen, in welches das
Jahr 1940 eingraviert ist, mit nach Hause – im Jahr darauf ein etwas größeres mit der
Gravur 1941.

Diese drei Dinge: die beiden Teekessel und die Finnenmütze
erinnern dich an ihn, und du besitzt sie heute noch. Es mag
sogar sein, dass es die einzigen Dinge sind, die dich mit
ihm verbinden.

45 Jahre später warst du selbst in Finnland, hattest dort
eine Gastprofessur und entdecktest den finnischen Schöp-
fungsmythos, das Buch „Kalevala", der dich begeisterte.
Lange Zeit hattest du dich mit den Mythen fremder Kulturen
beschäftigt und so lösten die alten karelischen Gesänge -
aufgezeichnet von Elias Lönnrot Ende des 19. Jahrhunderts
- eine Flut von Bildern in dir aus, die du in der Werkgruppe
„KALEVALA" obsessiv umgesetzt hast.

Sechs große Bilder hängen heute in der Deutschen Botschaft in Helsinki.

Finnland wäre eine Basis gewesen, sich einander nach der
folgenden langen Trennung kennenzulernen, sich zu verstehen,
aber diese Chance wurde nicht wahrgenommen, du hast sie
verpasst!

Das Ereignis deiner Taufe (1940) hat der Vater mit einer
Acht-Millimeter-Kamera gefilmt. Einige Szenen aus dem Film,
der später verloren ging, hast du noch im Gedächtnis:
Ungefähr ein Jahr magst du sein, als du in einem langen
weißen Kleidchen vor einer Prozession herläufst. Hinter dir
der Großvater - der Superintendent - im schwarzen Talar mit
der Bibel unter den Arm geklemmt, gefolgt von einer langen
Schlange festlich gekleideter Menschen, Verwandte, Freundin-
nen der Mutter (die Patentanten) - die Herren fast alle in
Uniform. Der Film endet, indem du mit beiden Händen ein Glas
Sekt an deinen Mund führst und es - zur Bestürzung oder auch
zum Vergnügen der Anwesenden - leer trinkst.

Kalevala-Wassermutter, 1990
Mischtechnik auf Leinwand, 125 × 90 cm

1944 kamen zwei weitere Kinder, P. und H., zur Familie dazu. Die Mutter der beiden Jungen war bei einem Bombenangriff ums Leben gekommen. Der Einjährige hatte unter einer umgestürzten Badewanne überlebt, der Ältere wurde mit seinen elf Jahren eine bald unentbehrliche Stütze für die Mutter.

```
Sie hatte nun für fünf Kinder zu sorgen; zwei waren erst ein
Jahr alt, deine Schwester war drei und du fünf Jahre alt.
```

Mit dieser Kinderschar und einer Milchkanne - so ihre Geschichte - verließ sie nach einer Reihe von Bombenalarmen im April 1945, kurz vor dem Großangriff auf die Garnisonstadt, Potsdam in Richtung Westen.

```
Und das war gut so, denn die Gardes-du-Corps-Straße, in der
ihr wohntet, wie auch die großen Straßenzüge, das Stadt-
schloss, die Altstadt, das alte Rathaus, die Nikolaikirche,
das Knobelsdorffhaus waren in den letzten Kriegstagen ein
Flammenmeer.
```

In Göttingen gab es Verwandte.

TAKE 3

RA 15. Nov. 2 14

Die Zeit in Göttingen hast du in guter Erinnerung. Ihr
wurdet in einen großen Schlafsaal in einer „Irrenanstalt"
einquartiert.

So nannte man die Nervenheilanstalt, der ein Verwandter der Mutter als Psychia-
ter und Direktor vorstand, und der freundlicherweise die sechsköpfige Familie auf-
nahm.

Die „Irren" waren Freunde der Kinder und umgekehrt die
Kinder Freunde der „Irren". Einer der Insassen zeigte dir
seine Bilder. Du warst fasziniert. Oft maltet ihr zusammen. Alle tobten miteinander in einem parkähnlichen großen
Garten, ein Ort voller Geheimnisse, Abenteuer und Wunder.

Es gab eine Grotte, einen Teich mit Fröschen, Enten und Fischen und Käuzchen in
den großen alten Bäumen.

Du erinnerst dich an frühe Angstträume, die dich aufschre-
cken ließen; die erschöpfte, übermüdete Mutter voller Sorge.
Du standest des Nachts auf und irrtest durch die Gänge der
Anstalt. Wachtest du auf, standen Menschen um dich herum und
lachten. Oder du fandest dich plötzlich in einem weiß geka-
chelten Saal mit Badewannen wieder.

Die Waschsäle und Baderäume hatten etwas Bedrückendes,
manchmal hörte man Kreischen, Stöhnen oder Jammern.
Auch Schreie drangen aus verschiedenen Gebäuden des
großen eingezäunten und ummauerten Geländes.

Irre waren eben Irre, mal schrien, mal weinten oder lachten sie, machten Fratzen
und komische Bewegungen. So war deine kindliche Vorstellung. Dass damals sehr
häufig die Schock- und Wassertherapie (Dauerbäder) angewandt wurde, konntest
du mit fünf Jahren nicht wissen. Diese Geräusche und Badeszenen erscheinen bis
heute in deinen Träumen.
Dass der Krieg plötzlich zu Ende war, begriffst du erst, als amerikanische Soldaten
mit ihren Jeeps durch die Straßen von Göttingen fuhren.

Für die Familie bedeutete es Aufbruch.

TAKE 4

Im Kindergarten 1945. Links der Bruder in Schwester Luises Armen, davor stehend
der angenommene Junge, du in der Mitte und die Schwester rechts außen

CARE-Paket

Ankunft im „Kohlenpott" mit seinen rauchenden Schloten - man sagte: „Nach dem Naseschnauben hast du ein Brikett im Taschentuch".

> Die Zechen, die Bergarbeitersiedlungen mit ihren Gemüse-
> gärten – dort durftet ihr mit den Bergarbeitern selbst
> angebauten Mangold essen - die Seifenkistenrennen, der
> Taubenverein. In der Taubenzeitung wurde später deine
> fingierte Verlobung annonciert, ein böser Scherz, der dir
> fast einen Schulverweis einbrachte.
>
> In den Ruhrauen weideten Schafe und du dachtest an den Vater
> und das Lied: „Schlaf' Kindchen, schlaf', der Vater hüt't
> die Schaf ..." Er war noch immer nicht zurückgekehrt und
> galt als vermisst.

Ein Verwandter der beiden angenommenen Jungen (der Bruder ihres Vaters) resi-
dierte in Mülheim an der Ruhr als Direktor der Landeszentralbank in einer fast leeren
Zwölf-Zimmer-Wohnung. So viel Platz hatten die Kinder noch nie gehabt, und sie
genossen es ausgiebig, indem sie durch die leeren Zimmer tobten.
Die Küche befand sich im Souterrain, ein etwa 40 Quadratmeter großer Raum mit
Terrazzoboden, leeren Schränken, einem großen Feuerherd und einem stillgelegten
Gasherd. Einiges Kochgeschirr, Pfannen aber nirgendwo Nahrungsmittel.

> Du erinnerst dich an eine in Milch getunkte Scheibe Brot, in
> einer Pfanne brutzelnd: „Arme Ritter", in der Nachkriegszeit
> ein beliebtes Gericht. Leider fehlten oft die Eier und die
> Butter, aber für die Kinder war der Zucker obendrauf das
> Wichtigste, der durfte auf keinen Fall fehlen. Das wenig
> schmackhafte Maisbrot konnte man für „Arme Ritter" dafür
> verwenden.

Denn Brot aus Weizen- oder Roggenmehl gab es kaum zu kaufen. Aufgrund eines
Übersetzungsfehlers hatten die Amerikaner Maismehl nach Deutschland geschickt,
um die Hungersnot zu lindern. Das Wort für Mehl war mit „corn" - das ist „Mais" -
übersetzt worden, und so buken die deutschen Bäcker Brote statt aus Mehl mit Mais,
ohne allerdings ihre Rezepte zu verändern. Das Ergebnis war kaum zu genießen.
Doch Hunger stellt keine Ansprüche.

Die Küche war durch einen „Essensfahrstuhl" mit der „Beletage" im Hochparterre verbunden; für alle ein Riesen-
vergnügen, sich dort hineinzusetzen und rauf und runter zu
fahren - zum großen Ärger des „Onkels", der häufig schimpfte,
weil die „Brut" so viel Dreck und Lärm mache.

Er war als verbitterter Witwer der Situation nicht gewachsen und völlig überfordert.
Immer übellaunig hast du ihn nie lachen sehen. Heute würdest du ihn einen Misan-
thropen nennen.

SOMNAMBULE BEGEBENHEITEN

Man sagte, du seiest mondsüchtig, eine Schlafwandlerin.

Mit elf Jahren brachte man dich in Mülheim an der Ruhr mit
einer Lungenentzündung ins Krankenhaus. Du wurdest gegen
deinen Widerstand auf der Kinderstation in ein Einzel-
zimmer gelegt. Die einzige Abwechslung war der Blick durch
ein Fenster, hinter dem ein Kleinkind, genauso einsam wie
du, in seinem Bettchen weinte. Eines Nachts war dein Bett
leer. Dein Verschwinden löste eine panische Suche im ganzen
Krankenhaus aus. Schließlich entdeckte dich jemand auf der
Männerstation. So geschah es, dass du jede Nacht ans Bett
gefesselt wurdest.
Wieder zu Hause geistertest du im Nachthemd durch die Nacht:
Die Mutter entdeckte dich schließlich auf der Kirmes.

Die Wohnung, in der die Familie eine Zeit lang lebte, lag an einer Straße, die zur Kirche führte. Und wenn Kirmes auf dem Kirchplatz war, brauchten die Budenbesitzer
Strom aus den anliegenden Häusern. Der „Zuckerwattemann" bekam ihn im Tausch
gegen Zuckerwatte aus dieser Wohnung. Das genossen die Kinder sehr und auch
die Freunde der Kinder nutzten jede Gelegenheit, sich dort bedienen zu lassen.

Farbradierung aus: Sabine Franek-Koch: „Karussell",
6 Radierungen, erschienen im Rembrandt Verlag Berlin 1979 (Auflage 75)

Aus unbegreiflichen Gründen – schließlich kann man sein Unterbewusstsein nicht wie einen Computer zwingen, Auskünfte auszuspucken – führt der nächste Umzug in eine Mansardenwohnung.

Als die Mutter nachts ins Bett gehen will, sieht sie dich, wie du gerade aus dem Fenster aufs Dach steigst. Sie holt dich zurück und bindet dich kurzerhand an ihrem Fuß fest – und das über Jahre; bis der Vater heimkehrt. Die Schwester, die Mutter und du, ihr schlieft zusammen in einem Doppelbett. Ihr Mädchen wurdet ausquartiert, als der fremde Mann erschien.

Später hast du dich manchmal gefragt, inwieweit sich das Anbinden und Fesseln auf dein späteres Leben ausgewirkt hat. Mag sein, dass dein Drang, alleine in fremde Kulturen zu reisen, dass deine Neugier und dein Freiheitsbedürfnis dadurch so ausgeprägt wurden. Und vor allem: aus freien Stücken Entscheidungen zu treffen, die nicht gesellschaftskonform waren.

In den 70er- und 80er-Jahren hattest du das Glück, durch deine geförderten Projekte im indianischen Kulturbereich hin und wieder der Enge West-Berlins und der Familie zu entfliehen. „Ohne Fesseln" warst du frei, dich auf die Abenteuer in der Fremde einzulassen, Erfahrungen zu sammeln, alte Kulturen zu erforschen, die danach deine Arbeit beeinflussten. Du beschäftigtest dich mit den Maya-Kultstätten in Mexico, Guatemala und Honduras. Mit der Mathematikerin Maria Reiche hast du in der Wüste von Nazca in Peru Erdzeichen, insbesondere Spiralen, vermessen, gezeichnet und gefilmt. Zurück in Berlin entstanden Bilder, die es sonst nie gegeben hätte.

1981 mit Maria Reiche in Nazca, Peru, bei der Vermessung von Spiralen

beim Zeichnen (13 Jahre alt)

Zu Besuch in Freiburg an der Unstrut tapstest du - kaum konntest du laufen - durch das große Pfarrhaus des Großvaters. Eine Stimme, wie ein Donnerschlag von der Kanzel geschmettert, riss dich gnadenlos aus deinem „mondsüchtigen" Zustand. Drohgebärden erschreckten dich bis in die Tiefe deiner kindlichen Seele.

Du magst drei Jahre alt gewesen sein. Rückblickend siehst du das große, dunkle Haus mit seinen Irrgängen. Im Eingang hing ein riesiges schwarzes Kreuz. Es flößte dir Angst ein. Jedes Mal, wenn du in das Haus gingst, machtest du die Augen zu und ranntest vorbei.

Während du alle diese Erinnerungen aufschreibst, treten Zweifel auf. Mögen die wahren Begebenheiten überlagert sein von Geschichten, welche die Erwachsenen erzählten. Oder spätere Erlebnisse, die sich mit den früheren vermischen. Manchmal kannst du nicht unterscheiden, was geschehen ist, und was dir von anderen überliefert wurde: Wie wahr ist das, was war? (Titel einer Sendung von Radio Kultur über neue Erkenntnisse der Gedächtnisforschung.) Erinnerungen sind nicht statisch, sie verändern sich, sie erzeugen immer wieder neue Assoziationen.

Leider gibt es niemanden mehr, den du fragen könntest. So versuchst du als Chronistin, soweit es dir möglich ist, dein Gedächtnis zu schärfen, eine Schneise durch die Zeit zu schlagen. Es sind die versunkenen Bilder, die im Laufe der Zeit hin und wieder an die Oberfläche des Bewusstseins schwappen und dann abtauchen. Während du die kleinen Bilder, eine Art Rückblende, malst, gelingt es dir, das Versunkene im malerischen und zeichnerischen Prozess zurückzuholen - die Bilder in dir hochzuladen und auf Fermacellplatten zu speichern. Immer schon erscheinen Motive aus der frühen Kindheit in deinem Werk - doch das geschah unbewusst.

Erster Schultag mit ausgeschnittenen Schuhen: Ob es keine Schuhe zu kaufen gab oder kein Geld da war, erinnerst du nicht mehr. Auf jeden Fall ist der Mangel an was auch immer offensichtlich

Der Superintendent

Klassenfoto, 1950

Die Mutter wartete auf eine Nachricht des Vaters. Obwohl sie kein Lebenszeichen von ihm hatte, ließ sie ihn nicht für tot erklären, sondern meldete ihn als vermisst. Das bedeutete: keine Kriegerwitwenrente. Sie hatte Mühe, die Kinder satt zu kriegen. Mit Nachtwachen bei Kranken und Sterbenden versuchte sie, etwas zu verdienen. Außerdem stenografierte und tippte sie hin und wieder für einen Rechtsanwalt. Wenn sie überhaupt einmal zur Ruhe kam, strickte sie Pullover und verkaufte sie. Später kaufte sie sich eine Strickmaschine.

In einer Fleischerei gab es eine Garküche, wo sie mehrmals in der Woche eine Milchkanne voll Suppe holte. Eines Tages glitt ihr die Kanne aus der Hand, und die Suppe ergoss sich über die stolze Freitreppe des Bankeingangs. Was tun?

Sie löffelte so viel wie möglich zurück in die Kanne und servierte die verunglückte Suppe den Kindern zum Mittagessen. Die merkten nichts, waren nur etwas verwundert, dass es für jeden nur wenig gab, doch das kam ja öfter vor. Später wurde die Geschichte als Beispiel für die Hungersnot immer wieder zum Besten gegeben.

Du erinnerst Dich, dass ihr eines Tages eine Räumungsklage bekamt. Immer, wenn die Kinder etwas pexiert hatten, wurde mit der Räumungsklage gedroht. Das geschah so häufig, dass die Wirkung irgendwann ausblieb.

Der Onkel hatte nach dem Tod seines Bruders, des Vaters der beiden angenommenen Kinder, als Erziehungsberechtigter verfügt, die Jungen wegzugeben. Der Kleine, ein ständig weinendes, todunglückliches, stark traumatisiertes Kind, der ein Herz und eine Seele mit deinem gleichaltrigen Bruder war, wurde in ein Kinderheim gebracht, sein großer Bruder in ein Internat geschickt.

Zwei winzige Zimmer wurden von der „Beletage" durch eine Mauer abgetrennt. Dort wohnte die verkleinerte Familie sehr beengt bis zum nächsten Umzug.

1946 wurdest du eingeschult. Statt einer Schultüte hatte die Mutter dir eine kleine Wohnzimmergarnitur aus Holz und Blech für deine Püppchen gebastelt. Du warst glücklich!

In der Volksschule gab es Schulspeisung. Und obwohl immer wieder ein Tafellappen in der Milchsuppe schwamm, hinderte es dich nicht daran, alles aufzuessen.

SPIELPLÄTZE

Überall lagen noch Häuser in Trümmern. Die Trümmerberge wurden mit der Zeit abgeräumt. In die Keller der Ruinen konnte man hineinklettern oder über brüchige Treppenreste gelangen, ein nicht ungefährlicher Spielplatz. Und dennoch wurde dort Verstecken gespielt.

Um ein sicheres Versteck zu finden, musste man sich möglichst tief in die unterirdischen Gänge hineinwagen und siehe da: Plötzlich erkanntest du eine männliche Gestalt im Halbdunkel. Anstatt wegzulaufen, erstarrtest du vor Schreck und schautest gebannt auf den Mann, der wohl nur damit beschäftigt war, sein Holzbein anzuschnallen oder zu richten. Danach vermiedest du dieses Trümmergrundstück, die letzte Baulücke in der Straße, in der ihr wohntet.

Du fuhrst mit Begeisterung Rollschuh. Trotz deines lange geschienten Beins scheutest du keine waghalsigen Abfahrten – die Knie verkrustet durch verheilende Abschürfwunden, die Narben spürst du noch heute. Beliebt war der „Kaiserplatz", dort fuhren die Kinder um die Wette; manche versuchten sich auch in Kunstübungen, was du als „Raserin" verachtet hast. Du wolltest die schnellste Rollschuhfahrerin im Ruhrgebiet sein.

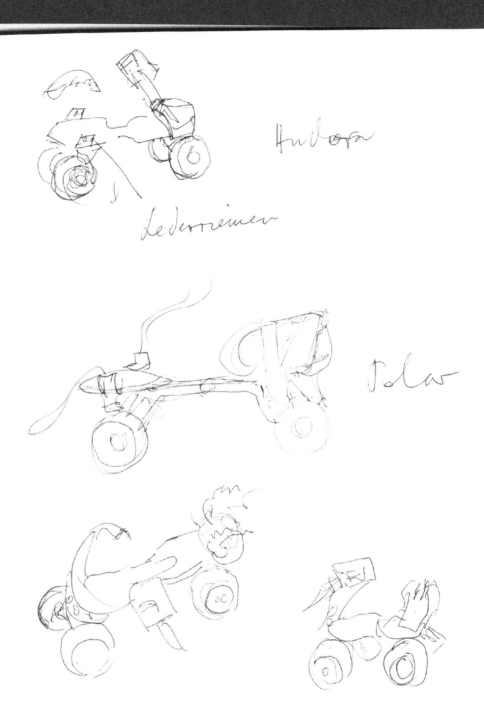

Hudora

Lederriemen

Solar

Mariechen war ein
schönes Kind .

Mariechen laß
auf einem Stern
- - -

da nahm er raus
ein Messerlein
Messerlein
Messerlein

und stach ihr
in das Herz
hinein

TAKE 5

Du erinnerst dich an eine Zugfahrt von Mülheim nach
Fallingbostel, wo die Mutter eine Freundin aufsuchen wollte.
Auch deren Mann war nicht (oder: noch nicht, wer wusste
das schon) aus dem Krieg zurückgekehrt.
Der Zug war eiskalt und heillos überfüllt. Und in den
ungeheizten Wagen war es bitterkalt. Beim nächsten Halt
entschloss sich die Mutter, auf dem Bahnsteig ein warmes
Getränk für dich zu besorgen. Ehe sie zurückkehrte, setzte
sich der Zug in Bewegung und fuhr weiter. Du warst allein,
mutterseelenallein. Dieses Gefühl des Alleinseins hat dich
nie wirklich verlassen.

Dennoch hattest du viel Vertrauen in deine wunderbare
Mutter. Zart und zierlich war sie, zugleich voller Kraft und
Stärke, Lebensmut und Frohsinn. Sie war sehr schön (aber das
sind wohl alle Mütter in den Augen ihrer Kinder).

Aussage deines sechsjährigen Sohnes: „My mama is the most beautiful woman of
the world" (sagte dir eine Lehrerin der John F. Kennedy School Berlin).

Und siehe da: Ein Zugbeamter holt dich bei der nächsten Station samt Gepäck aus
dem Abteil und bringt dich in ein Bahnwärterhäuschen, wo ein Bollerofen so viel
Wärme ausstrahlt, dass dir plötzlich ganz wohlig wird. Da wartest du - lange. Bis sie
endlich da ist. Sie hatte ein Auto angehalten.

Sieh Dich nicht um, 1987
Mischtechnik auf Leinwand, 180 × 300 cm

Shakspeare's
dramatische Werke

übersetzt

von

August Wilhelm von Schlegel

und

Ludwig Tieck.

Erster Band.

König Johann.
König Richard der Zweite.
König Heinrich der Vierte. Erster Theil.

Berlin.
Druck und Verlag von G. Reimer.
1850.

Du erinnerst dich an einen Tag, an dem die Mutter dir die Geschwister anvertraut. Sie will noch einmal nach Potsdam fahren (die Stadt befindet sich inzwischen in der russischen Zone), um „Sachen" herauszuholen. Jeden Morgen gehst du zur Bäckerin, die dir die Zöpfe flicht und dir Maisbrötchen für die Geschwister mitgibt. Es werden lange Tage und Nächte, bis die Mutter wieder bei euch ist. Sie wurde von den Russen eingesperrt. Wie sie es geschafft hat, freizukommen, hast du nie erfahren.

Doch eines Tages kam aus der „Zone" eine riesige Holzkiste mit Metallverschlägen ins Haus – darin Bücher, Tafelsilber, Fotoalben, Tischdecken und andere Schätze – für dich eine Schatzkiste wegen der Bücher.

Besonders die kleinen schwarzen Bücher, die gesamte Shakespeare-Ausgabe, die Hegel/Tieck-Übersetzung verschlangst du, während du wegen deiner schwachen Bronchien häufig das Bett hüten musstest. Du hast fast alle Shakespeare-Dramen gelesen. Den Begriff „Sex and Crime" kanntest du nicht, aber genau das war es, was dich so faszinierte. Erst später folgten alle Karl-May-Bände, die du in die Finger kriegen konntest. Die Geschichten über die Indianer, die Prärie, in die du später reistest. Die Bücher wurden Ende des 19. Jahrhunderts geschrieben; der Autor war nie in den USA gewesen, d.h. alles war ausgedacht, fantastisch! Du hingegen erlebtest Indianer in den 80er-Jahren des 20. Jahrhunderts auf eine ganz andere Art.

Anlässlich einer Ausstellung im Übersee-Museum Bremen (1983) drückte man dir ein Flugticket in die Hand, mit der Aufforderung, in das Indianerreservat Rosebud (South Dakota) zu reisen, um dort die Rituale der Sioux (Lakota) aufzuzeichnen. Kurzentschlossen nahmst du das Angebot an.

Indianische Tierbilder (Abreibung),
Canyon, Black Hills

Höhle mit indianischen Zeichen,
Canyon, Black Hills

Indianische Felsritzung,
Canyon, Black Hills

Abreibung auf Papier, 1983, Canyon, Black Hills

Du fandest dich in einer spirituellen Welt wieder, die inzwischen aber auch materielle, durchaus nützliche Dinge der Zivilisation adaptiert hatte. In den Wohnwagen und Baracken fehlte weder ein Fernseher noch ein Kühlschrank. Als du den Medizinmann fragtest, warum er eine Adidas-Tasche mit sich herumträgt, war seine Antwort: „Diese Tasche hält meine heiligen Kräuter frisch". Auch bei den Ritualen, etwa dem Sonnentanz, wo die Tänzer an Seilen mit Haken, die im Brustmuskel befestigt sind, hängen, und so lange tanzen, bis sich ein Stück Fleisch aus dem Muskel löst, warst du erstaunt, ob des Grundes so einer Strapaze: Während einige für die Genesung eines Angehörigen, für das physische Wohlergehen oder die neue Schule im Reservat tanzten, wünschten andere sich ein neues Auto, ein Motorrad, einen Fernsehapparat. So wie Janis Joplin singt: „Oh Lord, won't you buy me a Mercedes Benz" und in einer weiteren Strophe: „Oh Lord, won't you buy me a color TV". Du empfindest so etwas wie eine unverstellte kindliche Religiosität, gekoppelt an ganz pragmatische Erwartungen. Es ist der Glaube an einen gütigen Gott, der Wünsche erfüllt und allgegenwärtig ist, besonders in der Natur. Alles ist beseelt: die Steine, die Bäume, die Pflanzen, die Tiere. Und wenn du ehrlich bist, hast du auch manchmal für einen eitlen Wunsch gebetet in der Hoffnung, dass er dir erfüllt wird. (Heute fährst du einen Mercedes, inzwischen ist er allerdings zehn Jahre alt. Dein Fleisch hast du nicht geopfert, aber dich immer bedankt!)

Wenn du mit dem Medizinmann in einem gefährlich alten Chevrolet durch die Prärie zu einer heiligen Stätte fährst oder zu einem Schwitzhüttenritual, wunderst du dich, dass er alle paar Hundert Meter Zigaretten aus dem Fenster wirft. Er sagt, dass er für den Salbei, den er gerade überfahren hat, eine Opfergabe schuldet.

Pow Wow, Rosebud Indian Reservation, 1983

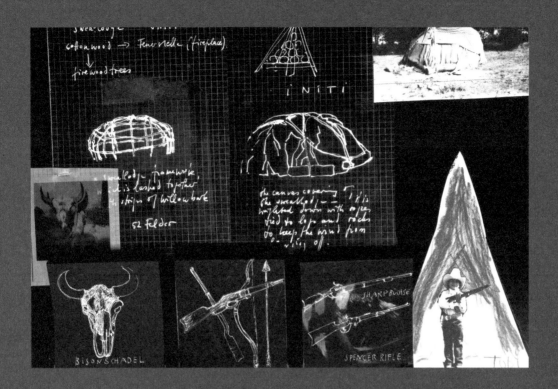

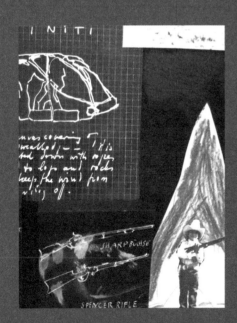

Ausschnitte aus WUNDERKAMMER 9 (Rosebud), 2012

Du beobachtest und zeichnest alles auf; die verschiedenen
Rituale, die großen Familienzusammenkünfte der Clans, die
in ihren alten Limousinen Hunderte von „miles" fahren, um
an einem „Pow Wow" teilzunehmen, die spielenden Kinder und
Schüler einer Missionsschule, in denen die alten Techniken
wie „beadwork" wieder gelehrt werden. Du leihst dir einen
alten Pick-up, fährst ganz allein in die Canyons der Black
Hills: Dort soll es in den Felsen indianische Ritzzeich-
nungen geben, die du findest und von denen du Abreibungen
machst.

Eine Woche verweilst du dort, schläfst des Nachts auf der
Pick-up-Ladefläche – wegen der Schlangen, die sich im August
häuten und daher gefährlich werden können – und stellst bald
fest, dass Alleinsein dir guttut. Allmählich löst sich die
Angst vor dem „Mutterseelenalleinsein", denn hier verlässt
dich niemand – du bist eingebettet in die Natur, ins Uni-
versum, wo alles – und auch du – ganz klein und unbedeutend
erscheint. Du bist da, schaust um dich und plötzlich entdeckst du die geritzten und gepunzten Felsbilder: Tiere und
bedeutsame merkwürdige Zeichen, auch Menschenwesen.

Den Indianern ging es nicht gut; sie hatten keine Arbeit, viele hingen rum („hang-
ing around" ist eine gängige Vokabel) und sind alkoholgefährdet. Einmal im Monat
brachten Lastwagen der Regierung Nahrungsmittel: Eipulver, Milchpulver, Mar-
garine, Mehl und Käse, der aussieht, als wäre er aus Plastik gemacht, und auch so
schmeckt.

Du engagierst dich in der AIM-Bewegung (American Indian
Movement), unterstützt sie nach deinen finanziellen Möglich-
keiten und indem du ihre Forderungen an die Regierung unter-
schreibst.

Alles, was du dort erlebt hast, prägt dein weiteres Leben
und Werk.

In den Nächten – allein in einem Zelt – lauschtest du
den Geräuschen der Prärietiere, dem durchdringenden Geheul
der Kojoten, anfangs noch ungewohnt, jedoch zunehmend
geborgen in der Welt. Einer von ihnen – der Kojote gehört
zu den heiligen Tieren der Indianer – begegnet dir Jahre
später körpernah während deines Aufenthaltes in der Djerassi
Foundation, Woodside, Kalifornien.

Während der Gesänge des Medizinmannes beim Schwitzhüttenritual, der Klänge der Trommler, die für die „Pledger"
(eigentlich „Verpfänder": jemand, der sein Leben für einen
Wunsch aufs Spiel setzt) beim Sonnentanz in Ekstase gerie-
ten, und dem großen Pow Wow fühltest du dich zwischen Trance
und erdverbundenem Dasein – einfach gut aufgehoben.

Nachdem du das geschrieben hast, merkst du, dass deine
Erinnerung von den Karl-May-Büchern in eine andere Zeit-
ebene, zu den erlebten Sioux-Indianern gesprungen ist:
Die Erinnerungssplitter fügen sich wie bunte Glasscherben
in einem Kaleidoskop zusammen.
Ganz ähnlich entstehen deine Bilder: Vielschichtig abge-
lagerte Vorstellungen steigen aus dem Inneren hoch, sinken
wieder ab und durchdringen sich, ob im Wachsein oder im
Traum. In der Filmsprache spricht man von Überblendungen,
beim Schreiben und in der Malerei sind es Assoziationen.

Dass du zufällig als Bildträger Gipsfaserplatten als Bildträger gewählt hast, ist ein merkwürdiges Zusammentreffen
von Maltechnik und Mnemotechnik. Der Erinnerungsprozess
entspricht dem Malprozess. Du zeichnest mit der Rohrfeder
eine Linie, die ein Bild aus deiner Kindheit beschreibt.
Es ist plötzlich da und du hast das Gefühl, als brächen
alte Narben wieder auf. Du schleifst weg, spachtelst, lässt
das Bild fast wieder verschwinden, um es dann mit farbigen
Tuschen wieder ans Licht zu holen. Wie bei einem Palimpsest entwickelt sich Spur um Spur das mehrschichtige Bild,
angefüllt mit Subtexten und Zeitkristallen. Als du zum Beispiel das Bild „DER VATER" maltest, da erschienen er und
auch der Panzer (oben links) so deutlich auf der Bildfläche,
dass du es nicht ertragen konntest. Du nahmst einen feuch-
ten Lappen und wischtest darüber. Das Bild veränderte sich
total: Aus dem „schmucken" Offizier wurde ein Totenkopf, und
auch das liegende Mädchen verlor an Niedlichkeit - die reale
Darstellung verwandelte sich in eine bizarre traumatische
Situation, eine Art Albtraum.

TAKE 6

Die Hockeyspielerin

1950 wechselst du nach vier Jahren Volksschule auf ein neusprachliches Mädchengymnasium: die Luisenschule. Dort entwickeln sich Freundschaften, besonders mit I.J., die es wie dich von weiter nach Mülheim an der Ruhr verschlagen hat. Ihr verbrachtet fast täglich die Nachmittage zusammen, meldet euch in einem Ruderklub an, um auf dem Wasser zu sein. Lieber hättet ihr ein Paddelboot besessen, aber das war unerschwinglich. Irgendetwas lief bald schief – in deiner Erinnerung habt ihr unerlaubt ein Ruderboot genommen, um damit die Ruhr hinunter zu rudern. Fröhlich in den Klub zurückgekehrt, rasselte ein Donnerwetter auf euch nieder – so war die Mitgliedschaft im Ruderklub nur von kurzer Dauer. Ein weiterer Versuch, sich sportlich zu betätigen, war das Hockeyspielen. Wie das zustande kam, weißt du nicht mehr genau. Du erinnerst dich an den „Volksschullehrer" der Schwester, er besuchte hin und wieder die Mutter. Er war auch Hockeytrainer für die Mädchenmannschaft des Hockeyklubs Uhlenhorst und warb Mitglieder; so auch dich. So recht wohl fühltest du dich in dem Verein nicht. Die Fortschritte waren mäßig, daher teilte man dir immer nur die Position des rechten oder linken Läufers zu. Wenn du wenigstens Mittelstürmerin geworden wärest! Fast jeden Sonntag wurde die Mannschaft in einem Bus zu verschiedenen Orten im Ruhrgebiet gefahren, um dort den Gegner in die Knie zu zwingen – rückblickend eine schreckliche Vorstellung. Lange hast du das nicht ausgehalten, vielleicht doch länger – da lässt das autobiografische Gedächtnis dich einfach im Stich.

ÜBER DIE ERINNERUNG – DIE FILME

Während du das alles aufschreibst, merkst du, wie unterschiedlich dein Gedächtnis funktioniert. Du merkst, die Erinnerung verläuft nicht linear.

Manche Geschehnisse bleiben verrätselt, andere kommunizieren miteinander. Sie bilden eine Art Gewebe oder einen Teppich, wo die einzelnen Knoten verknüpft werden, vergleichbar auch mit Schaltverbindungen, durch einen Impuls ausgelöst.

Trotz langjährigen Tagebuchschreibens erkennst du immer
mehr: Das Schreiben ist deine Sache nicht. Dennoch möchtest
du die zeitgeschichtlichen Ereignisse nicht nur in Bildern,
sondern auch in Worten erzählen. Dabei wünschst du dir, dass
die Worte sich in Bilder verwandeln und die Bilder in Worte.
Während die Worte sich langsam zu Sätzen zusammenfügen, sind
die Bilder in deinen Körper eingeschrieben und purzeln einfach aus dir heraus.
Deshalb entscheidest du dich für eine Collage aus Texten,
Bildern, Tableaus, die in ihren einzelnen Teilen – gegen
den Strich gelesen – eine Kette bilden und auf verschiedene
Spuren verweist. Möge der Betrachter oder Leser sich darin
zurechtfinden!

Die Freundin hatte sich ganz dem Cellospiel verschrieben, sie übte obsessiv und
machte schnell Fortschritte, so dass sie schon als Schülerin in ein Kammerorchester
aufgenommen wurde.

An manchen Wochenenden hast du sie auf ihren Konzertreisen
begleitet. Ihre Leidenschaft ist die Musik, deine das
Zeichnen und Malen. Was euch verbindet, sind die Gespräche
und die Intensität des Tuns. Gemeinsam erlebt ihr jährlich
die Matthäus-Passion. Die Oboen-Melodie „Ich will bei
meinem Jesu wachen" habt ihr euch als geheimen Erkennungs-
pfiff anverwandelt. Außerdem das Weihnachtsoratorium und die
vielen Kammerkonzerte im Mülheimer Altenhof (das ehemalige
Gemeindezentrum der Evangelischen Kirche). Hier wurde auch
die von den Musiklehrerinnen der Schule einstudierte Oper
„Der Igel als Bräutigam" von Cesar Bresgen aufgeführt.
Du warst nur eine kleine Randfigur, ein Page, während die
musikalische Freundin eine der Hauptrollen spielte, und du
hast sie dafür bewundert.

Ab Mitte der 50er-Jahre gehst du am Sonntag regelmäßig mit
der Mutter in den Filmklub. Kino übt auf dich eine ungeheure
Faszination aus – und so ist es bis heute.
„La Pointe Courte", Agnès Varda, ein Film, der auch jetzt
noch durch deinen Kopf spukt. Die kontrastreichen Schwarz-
Weiß-Bilder, eine Szene der beiden Protagonisten: Eine Frau
und ein Mann bekleidet auf einem großen Bett liegend, aus
der Vogelperspektive gefilmt, scherenschnittartig, stark
stilisiert, abstrakt und fast stumm (an Sprache erinnerst
du dich nicht).

Ein Vorgänger oder sogar der erste Film der Nouvelle Vague.

Die Entfremdung des Paares empfandst du beklemmend: Du dach-
test an die Eltern, die Rückkehr des Vaters.

Und später passierte es: Der Riss, der durch die Familie
ging, die Kälte, die ambivalenten Gefühle; der vergebliche
Kampf, alles ungeschehen zu machen, die Zeit zurückzudrehen.

„Die Nacht des Jägers" (Regie: Charles Laughton) mit Robert Mitchum als bösem Verfolger zweier Kinder machte dir so viel Angst, dass du aus dem Kino flüchtetest. Ob dich unterschwellige Schreckensmomente der eigenen Flucht aus Potsdam dazu bewegt haben?

Erst Jahrzehnte später sahst du den Film wieder, und es begann eine intensive künstlerische Auseinandersetzung mit diesem Albtraum. Die surreal beklemmende Atmosphäre, die nächtliche Verfolgungsjagd, aber auch die poetischen Szenen mit den Tieren am Fluss, den Kindern im treibenden Boot wurden zu Motiven in dem Bilderzyklus „LOVE and HATE".

LOVE and HATE II, 2007
Mischtechnik auf Leinwand , 259 × 199 cm

»Ach, es ist alles nicht so schlimm,
nächstes mal mit frohem Sinn,
freuen wir uns um so mehr
auf das seichte Wattenmeer.«

Ausschnitt aus: Juistbild (tanzt mit Hasen)

Trauschauwem 19, 17, 2, 2008
Mischtechnik auf Leinwand
40 × 20 cm

Ein Lieblingsfilm der Mutter war „Mein Freund Harvey" mit James Stewart.
Der Plot erscheint als Komödie, ist aber voller Hintersinn und Moralphilosophie. Die
Hauptfigur lebt in der Vorstellung, von seinem Freund, einem zwei Meter großen
Hasen, begleitet zu werden. Er ist immer an seiner Seite, und daraus entstehen un-
glaubliche Verstrickungen.

Auch du liebst diesen Film, scheint er doch eine Metapher
des Sieges der Imagination über die Realität zu sein. 2008
malst du die Serie „Trauschauwem" und erinnerst dich an
James Stewart, wie er in einer Bar ein Glas Wein nach dem
anderen für seinen unsichtbaren Freund bestellt und das
Trinken für beide übernimmt.

Der Film „Das Gewand" war der erste Farbfilm, den du in Farbe
gesehen hast, allerdings nicht im Filmklub, sondern in einem
Mülheimer Kino; ich glaube, es hieß Löwenhof. Das neue Cine-
mascope-Format mit monumentalen Massenszenen, Folterungen,
Gladiatorenkämpfen – oft machtest du einfach die Augen zu –
und Liebesszenen verwirrten dich. In Erinnerung blieben nur
die Gesichter von Richard Burton und Jean Simmons, deren
Schönheit dich überwältigte. Offenbar reichte das aber nicht
für eine eigene Bildschöpfung.

Rückblickend hast du eine kleine Arbeit zu dem Film
„Fahrraddiebe" von Vittorio de Sica gemalt, viel mehr als
der Titel ist nicht mehr in deinem Gedächtnis. Aber der
triste Eindruck eines Schwarz-Weiß-Films in Rom nach dem
Krieg und der dramatische Plot, in dem ein Vater mit seinem Sohn das gestohlene Fahrrad sucht. In deiner Erinnerung
regnet es unentwegt. Auf deinem Bild scheint die Sonne, und
da du den Ausgang der Geschichte nicht mehr weißt, klaut
der Sohn auf deinem Bild sich auch ein Fahrrad und entkommt
damit – Ende gut, alles gut oder die Macht der Fantasie.

Viel mehr als deine Schulzeit in der Luisenschule - ein
Bild, das sich nicht scharf stellen lässt - haben dich die
Ausflüge und Reisen in den Sommerferien geprägt. Sie haben
die Weichen für deine geistige und künstlerische Entwicklung
gestellt und den offenen unverstellten Blick auf das Fremde
geschärft.

DIE ERSTE documenta

1955 fuhrst du - wie auch die Jahre davor - in den Sommerferien zu deiner Großmutter nach Kassel. Sie lebte ganz in der Nähe der Karlsaue, die dir durch viele
Spaziergänge vertraut war. Am liebsten aber besuchtest du Freunde, die dort einen
Schrebergarten mit Johannis- und anderen Beerensträuchern hatten und sich freu-
ten, wenn man sie pflückte und verzehrte.

Alle sprachen über die große Kunstausstellung documenta.

Du warst 15 Jahre alt, lebtest im Ruhrgebiet und hattest
gar keine Erfahrungen mit Kunstausstellungen. Abbildungen
in Büchern - meistens in Schwarz-Weiß - beschäftigten dich.
Deine Vorliebe galt den Malern des 19. Jahrhunderts wie
Caspar David Friedrich, Philipp Otto Runge, Arnold Böck-
lin. Denen versuchtest du nachzueifern, indem du häufig zum
Zeichnen in die Natur gingst. Zeichnen und Malen waren deine
Hauptbeschäftigungen, du wolltest Malerin werden. Natürlich
kanntest du auch die Expressionisten, mochtest Franz Marc,
August Macke, Kandinsky, doch niemals hattest du ein Origi-
nal gesehen.

Und nun das große Erlebnis documenta. Das Fridericianum war
in deiner Erinnerung eine Ruine. In dieser Ruine sollte eine
Kunstausstellung stattfinden - unglaublich!

Du erinnerst dich an eine gigantische Wunderkammer, bestückt mit ungewohnten, unverständlichen Bildern und Objekten. Die Eindrücke sind lückenhaft, dennoch haben dich einige der Kunstwerke derart gefesselt, dass du den Raum, in dem sie sich befanden, deutlich vor Augen hast. Je konzentrierter du in der Zeit zurückgehst, deine Mnemotechnik aktivierst, desto deutlicher treten diese von dir bewunderten aus dem Gedächtnisspeicher hervor. Auf sie versuchst du zuzugreifen.

Selbst total in der Gegenständlichkeit deiner Figürchen und Landschaften verhaftet, faszinierten dich in der documenta vor allem die abstrakten Bilder und Objekte, während du Maler wie Otto Dix und Max Beckmann eher als abstoßend empfunden hast. Eine Ausnahme: Marc Chagalls „Die Dächer" [1]. Du notiertest im Katalog:

Das schönste!

Gemeint ist das schönste aller Gemälde. Die Darstellung der Figuren, die Frau mit den entblößten Brüsten, der sich vor dem Liebespaar verbeugende Maler, das verschachtelte Dorf und die vielen kleinen Geschichten (der vorwärts preschende Pferdewagen, Notre Dame im Hintergrund) übten einen großen Reiz auf dich heranwachsendes Mädchen aus. In deiner Erinnerung war die vorherrschende Farbe Blau, Nachtblau, Traumblau. Heute weißt du, dass das Bild „Die roten Dächer" betitelt ist und die Farbe Rot mehr als die Hälfte des Bildes einnimmt.

Marc Chagall
„Les toits rouges", 1953
Öl auf Leinwand, 229 × 210 cm

Chagall-Raum, documenta 1

Strahlinge (Radiolaria).   Alle sehr stark vergrößert.

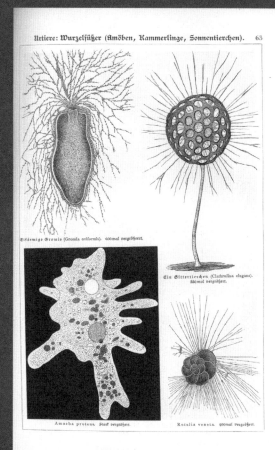

Eiförmige Gromia (Gromia oviformis).   600mal vergrößert.

Ein Gitterierchen (Clathrulina elegans).   350mal vergrößert.

Amoeba proteus.   Stark vergrößert.

Rotalia veneta.   400mal vergrößert.

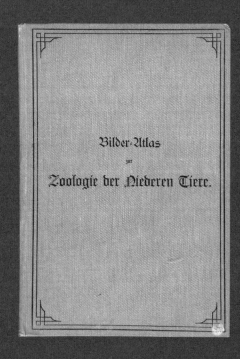

Bilder-Atlas

zur

Zoologie der Niederen Tiere.

Ob dir damals die Verkehrung der Größenverhältnisse und die collageartige Bildkomposition auffielen? Wahrscheinlich kam es dir ganz selbstverständlich vor, hattest du nicht bereits als Zwölfjährige unbewusst die assoziative Verknüpfung von Gegenständen in deinem Bild „Juistreise ins Wasser gefallen" angewandt.

Die märchenhaft nächtliche Atmosphäre des Chagall-Bildes übte einen Sog aus, der in dir Träume, erotische Fantasien und eine große Sehnsucht auslöste. Möglicherweise hat diese Betroffenheit sogar einen Einfluss auf deine eigene Malerei ausgeübt.

In seiner stillen Einfachheit beeindruckte Morandi mit seinen Stillleben auf eine andere, subtile Weise. Du orientiertest dich an ihm, als du im ersten Semester an der Hochschule für Bildende Künste Berlin aufgebaute Stillleben abzeichnen solltest.

Das wirklich „Neue" waren die „Abstrakten" wie Kandinsky, Wols, Fritz Winter, Kurt Schwitters, Ernst Wilhelm Nay, die Futuristen und ein Maler, den heute keiner kennt: Roberto Crippa, einer der ersten Vertreter der Aktionsmalerei. Kommentar:

Total verrückt!

Sehr belustigt hat dich das Bild „Himmelblau" von Wassily Kandinsky [2] Wie oft hast du diese Farbe später in deinen eigenen Bildern eingesetzt! Die schwebenden Fantasiegestalten erinnerten dich an stilisierte Urtierchen, die im bunten Farbenspiel vom Himmel purzelten. In der hauseigenen Bibliothek der Großmutter gab es Bilderatlanten, die du sehr liebtest und oft angeschaut hast. Ein Bilder-Atlas trug den Titel „Zur Zoologie der Niederen Tiere".

Diese „niederen" Tierchen hatte der Maler für würdig befunden, sie in den kapriziösesten Stellungen und leuchtenden Farben abzubilden. Kommentar:

Entzückend!

Katalog documenta 1, 1955

Du erinnerst dich an die diaphanen Bilder von Fritz Winter.
„Wandlung (große Komposition)" [3] empfindest du als spiritu-
ell und geheimnisvoll. Kommentar:

Weiße Flecken schweben vor dem Bild – sehr gut!

Je länger du dein Gedächtnis herausforderst, desto mehr
Bilder kehren langsam aus der Vergessenheit zurück. Damals
Erlebtes und im Laufe deines Künstlerlebens immer wieder
Gesehenes vermischen sich, so dass eine exakte Rückblende
auf die documenta 1 nicht möglich ist.

Was aber eindringlich in deinem Gedächtnis nachwirkt – und
da bist du ganz sicher – waren die ausgestellten Skulp-
turen. Auch hier sind es die abstrakten Bildhauer, die dich
verzaubern – nicht Henry Moore, vielmehr Barbara Hepworth,
Hans Arp, Naum Gabo und ganz besonders Alexander Calder.
Seine Idee, eine sich in der Luft bewegende Skulptur zu
erschaffen, beeindruckt und begeistert dich.

Die fragilen, blattähnlichen Elemente, rhythmisch an beweglichen Drähten aufge-
hängt, bestechen nicht nur in ihrer Schwerelosigkeit, sondern auch durch ihre bunte
Farbgebung und raumgreifende Energie.

„Ein Gong als Mond" hat sich in dein Gedächtnis eingeschrieben [4]. Und wann immer du etwas von Calder siehst,
stimmt es dich heiter und beschwingt. Kommentar:

Schön, bunt, dekorativ, mir gefällt's!

[1] Marc Chagall: „Les toits rouges". 1953. Öl a. Leinwand. 229 × 210 cm.
Museum Fridericianum, OG., li. (Centre Pompidou, Paris).
[2] Wassily Kandinsky: „Himmelblau". 1940. Öl a. Leinwand. 100 × 73 cm.
Museum Fridericianum (Centre Pompidou, Paris).
[3] Fritz Winter: „Große Komposition (Wandlung)". 1953. Öl a. Leinwand. 160 × 190 cm.
Museum Fridericianum, EG., li. Seitenflügel (Fritz-Winter-Stiftung, Bayerische Gemäldesammlungen,
München).
[4] Alexander Calder: „The Gong is the Moon". 1953/54. Mobile. Blech, Draht, Farbe. 230 × 280 cm.
Museum Fridericianum, EG., re. (Portland Art Museum).

Mit zunehmendem Alter verbringst du die Sommerferien in einem deutsch-französischen Schülerheim.
Es entwickelt sich eine starke Beziehung zu Frankreich. Ein marokkanischer Literaturstudent gibt dir „L´Étranger" von Albert Camus zu lesen und von ihm hörst du zum ersten Mal die Namen Jean Paul Sartre, Simone de Beauvoir, auch Hermann Hesse, der damals in Frankreich sehr beliebt war. Du musst ungefähr 14 oder 15 Jahre alt gewesen sein, und neugierig beginnst du dich mit der aktuellen französischen Literatur zu beschäftigen.

Deine französische Freundin lud dich ein Jahr später nach Paris ein. Sie wohnte mit ihrem Bruder und ihrer Mutter in einem damals feinen Stadtviertel, in Auteuil, die ganze Einrichtung Louis-seize. Schonbezüge auf dem Sofa und den Sesseln. Du hattest den Eindruck, dass sie – Madame – den ganzen Tag kochte, und du begannst, die französische Küche zu lieben. Die einzelnen Gänge eines Menüs waren so kunstvoll zusammengestellt und angerichtet, dass du gar nicht gewahr wurdest, wie fremdartig und völlig ungewohnt die Speisen waren: Froschschenkel, Täubchen im Schlafrock, Schnecken in Kräuterbutter und verschiedene Innereien – alles ausgesprochene Köstlichkeiten, deren genaue Bezeichnung und Herkunft dir erst nach der Mahlzeit verraten wurden.

Durch die französische Küche hast du gelernt, keine Vorurteile ausländischen Gerichten gegenüber zu haben. Immer wenn du in fremden Ländern zum Essen eingeladen wurdest, hast du schon aus Höflichkeit nichts verweigert, auch wenn es dir manchmal schwerfiel. Als man dir allerdings in Mexico ein Wolläffchen servierte, das wie ein gehäutetes Baby auf dem Teller lag, konntest du nicht über deinen Schatten springen, hast dich wegen Unpässlichkeit entschuldigt und die gedeckte Tafel verlassen. Dein Magen krampfte sich plötzlich zusammen, und du ranntest zu einem Ort, mit dem Schild „baños" und erbrachst dich. Als du dich besser fühltest, gingst du nach draußen an die frische Luft und siehe da: Die kleinen menschenähnlichen Wesen spielten vergnügt in ihren Käfigen – ahnungslos.

Die französische Schule war sehr streng, dafür entschädigten dich die nächtlichen Ausflüge mit der Freundin und ihrem Bruder in die „caves", wo du zum ersten Mal Juliette Gréco erlebtest. Ohne begriffen zu haben, was Existenzialismus ist, fühlst du dich selbst als Existenzialistin – einfach frei –, bis du mit einer Nikotinvergiftung im Krankenhaus landest.

Geistig wähntest du dich erwachsen, stecktest aber noch in einem Kinderkörper, keine Spur von weiblichen Veränderungen. Das beunruhigte dich und du hast versucht, mit allen Mitteln deinen kindlichen Körper zu verstecken, indem du dich verkleidet hast, dir aus zusammengeknüllten Taschentüchern Brüste formtest und unter das Hemd stecktest, auch wenn sie hin und wieder zur Schadenfreude deiner Mitschülerinnen herunterrutschten. Du hast dir heimlich die Stöckelschuhe (heute würde man „High Heels" sagen) der Mutter ausgeliehen, um vor Gleichaltrigen (auch in Paris vor der Freundin und ihrem Bruder) deine kindliche Erscheinung zu überspielen.

Du gehst auf den Marché aux Puces und die Friedhöfe, zuerst natürlich zu dem bekannten Père Lachaise. Du erinnerst dich an den in der Nähe gelegenen Cimetière Montparnasse, wo du – durch die Eindrücke der ersten documenta sensibilisiert – nach dem noch frischen Grab von Henri Laurens suchtest, es fandest und von seiner Skulptur „La Douleur" zutiefst betroffen warst.

Du besuchtest den Louvre, hast dich überwältigen lassen von der ungeheuren Fülle der Kunstwerke. Wie in einem Traum zogen die vielen Bilder an dir vorbei, während du benommen durch das Labyrinth der Säle gewandert bist. In deiner Erinnerung blieben von dem ersten Besuch nur einige Bilder im Kopf:

Uccellos Schlachtenbilder mit prächtigen Pferden und vielen Lanzen, die die Komposition dynamisch gliedern und fast die Bildfläche sprengen.

La dame à la licorne, 1972
Öl auf Holz, 59 × 46 cm

Ausschnitt: WUNDERKAMMER 15
(Einhorn), 2011

Du denkst an ein Mikadospiel, und wie schwer es für dich
wäre, so etwas zu malen – so genial kannst du niemals sein!
Du erinnerst dich an Watteaus „Gilles" und das „Mädchen mit
dem Federball" von Chardin. Du spieltest selbst Federball
und warst verwundert, dass man es schon im 18. Jahrhundert
in so unbequemer Kleidung tat.

Am meisten beeindruckten dich die sechs großen Tapisserien
im damaligen Musée de Cluny (heute Musée national du Moyen
Âge): „La Dame à la licorne". Das Motiv des Einhorns taucht
schon sehr früh in deinen Bildern auf.
Immer wenn du in Paris bist, gehst du als Erstes in den
Saal, in dem die paradiesischen, mit Blumen, Tieren und
Frauengestalten gewirkten Teppiche hängen.

Im Jahr 2000 entstehen zehn große Leinwände mit dem adaptierten Titel: „La Dame
à la Licorne". Hans Gercke schrieb zu der Einhorn- Werkgruppe einen wissenschaft-
lich-philosophischen Text in dem Büchlein „Allegorien der Sinne".
Im Radegaster Atelier wie im Musée national du Moyen Age spielt das Einhorn eine
wichtige Rolle. In den Elbwiesen wurde nicht nur ein Lama - und das ist wahr* -, sondern auch ein Einhorn gesehen.

*Der Schäfer hatte es von einem Zirkus übernommen.

In „Dr. Vollmer's Wörterbuch der Mythologie aller Völker" heißt es: „Einhorn, ein fa-
belhaftes Thier, das einem Pferde gleichen, auf der Stirn aber ein langes, gerades
Horn von der feinsten Elfenbeinsubstanz tragen soll, überaus rasch, gewandt und
wild. ... *Neuerdings wird von Einigen wieder die Möglichkeit der Existenz des E.s
behauptet*".

Jetzt, wo du eine andere Seite des Lebens kennengelernt
hattest, erlosch die Motivation für die Schule. Du hattest
bereits viele Jahre Tagebuch geführt, vertrautest diesem
Buch alles an, was dich bewegte, und maltest dazu. Du fäll-
test die Entscheidung, Malerin zu werden. In der Familie
und in der Schule warst du das schon lange: „die Malerin".
Als du klein warst, waren deine bevorzugten Motive Elfen,
Zwerge und Hasen. Hier sieht man ein Mädchen mit einem Hasen
tanzen.

Juistreise ins Wasser gefallen, 1952
Wasserfarbe, Tusche auf Papier, 22 × 28,2 cm

Trauschauwem III, 2008
Mischtechnik auf Leinwand, 160 × 160 cm

Tanzstunde, 1954

Selbst, 1959

Wandmalerei Faschingskeller, 1958

1952 war eine Reise ins Wasser gefallen und du maltest das
„Juistbild" auf einem Din-A4-großen Blatt, das dir einen
Platz im Kirchenbuch bescherte.
Diese beiden Figuren werden unbewusst zum zentralen Thema
deiner Werkgruppe „Trauschauwem".

1954 ging fast die ganze Klasse in eine Tanzschule.

Während der Tanzstunde hattest du einen Freund. Sein Vater
war ein im Ruhrgebiet nicht unbekannter Maler, der mit sei-
ner Familie in einer alten, vom Krieg verschont gebliebenen
Villa lebte. Bald ergab sich auch eine Freundschaft zum
Vater, dem Maler. Er zeigte dir seine Bilder und verstrickte
dich in Gespräche über Kunst. Du warst oft und gerne in die-
sem großen Haus, und du ahntest, was es bedeutet, Maler zu
sein. Eines Tages – es war wohl im Februar 1955 – wurde ein
Faschingsfest geplant. Du bekamst deinen ersten Auftrag: den
Keller auszumalen.
Eine Herausforderung, die du mit Begeisterung und heftigem
Einsatz in Angriff nahmst.

Von nun an gab es kein Zurück mehr – das Malen wurde fester
Bestandteil deines Lebens.

Deine Versuche, eine Plastik zu formen, waren eher kläglich.

Dazu eine Äußerung aus dem Jahr 2014 (formuliert anlässlich
einer Ausstellung in Berlin):

VON DER EIGENEN UNZULÄNGLICHKEIT, EINE PLASTIK ZU FORMEN

Mit 14 Jahren galt deine Begeisterung den Pferden. Du hattest in den Ferien die Gelegenheit zu reiten. Du zeichnetest sie, besorgtest dir Ton und versuchtest, ein Fohlen zu modellieren. Im Brennofen brachen die Beine ab. Die Mutter glaubte trotzdem an deine bildnerischen Fähigkeiten, stellte den Torso in die Vitrine – du dagegen gabst auf.

Der zweite Versuch scheiterte ebenfalls, als du innerhalb des Kunststudiums ein Plastik-Seminar absolvieren musstest. Die Aufgabe, aus Ton ein etwa 30 Zentimeter großes Ei zu formen, verfehltest du, weil du vorzogst, Figürchen zu kneten. Du flogst raus!

Viele Jahre später lerntest du die ägyptischen und – durch deine Arbeit im indianischen Kulturbereich – die Keramiken der indigenen Völker Lateinamerikas kennen, wobei dich besonders die Tiermenschgestalten faszinierten.

In den 90er-Jahren erfuhrst du von dem Fund und der Rekonstruktion eines Löwenmenschen, einer nur circa 30 cm hohen geschnitzten Statuette aus Mammutelfenbein mit tierischen und menschlichen Attributen (gefunden in der schwäbischen Alb).

Angeregt durch diese Figur, begannst du in Malpausen eine Serie von Menschtierwesen zu kneten, die, gezeichnet und gemalt, immer wieder in deinem Werk auftauchen.

Der absichtslose, spielerische Umgang mit dem weichen Material, Wachs, Ton und Plastilin, führte zu immer neuen Überraschungen. Das daraus später Bronzen wurden, ist der Idee eines Galeristen geschuldet.

Ringelpiez, 2005/2006, 6 Bronzen, farbig patiniert auf Drehtellertisch,
Auflage 7, Höhe mit Bronzen ca. 140 cm, Durchmesser 100 cm

Patinierte Bronzen:
Harewoman, 2001/2006
Höhe: 22 cm (+ Stein),
Foxwoman, 2006
Höhe: 20 cm (+ Stein),
FRA, 2003
Höhe: 26,5 cm

TAKE 7

Der Krieg bedeutete für dich: Flieger, Bomben, Luftschutzkeller. Das Ausmaß der Vernichtung, der Schrecken, Gräuel
und dessen Folgen konntest du als kleines Kind noch nicht
erkennen.

Es gab keine Normalität, jeder Tag war bestimmt durch die Meldungen im Volksempfänger.

Oder war das die Normalität?

Trotzdem fanden hinter der „Verdunklung" nächtliche rauschende Feste statt, man
negierte den Fliegeralarm und feierte. Je mehr es dem Ende zuging, machte sich
bei der Mutter und ihren Freunden eine fatalistische Einstellung breit, wurde aber
immer wieder durchbrochen von der Sorge um die Kinder.

Wie auch immer – du fühltest dich durch die Mutter geborgen.
Heute kannst du sagen: Deine Kindheit war abenteuer-
lich, angstvoll und trotzdem behütet – ein „nachhaltiges"
Erlebnis, ein unerschöpflicher Fundus für Bildideen und
Geschichten.
Sie schenkt dir die Erinnerungsbilder, die deinem Werk einen
neuen Impuls geben und auch dem Betrachter Fragen stellen.
Mag er das Kind, das er war, wieder finden.

Je länger du dich mit der Vergangenheit beschäftigst, umso
mehr spürst du, dass sie erst recht an Bedeutung gewinnt,
wenn sie mit den Dingen, Ereignissen, die heute ringsum
geschehen, in Beziehung treten. Natürlich geht das Vergangene durch dich hindurch, du kannst es nur aus deiner
heutigen Position betrachten und aufzeichnen. Und trotzdem bist du auch dieses Kind, das plötzlich eine so starke
Präsenz bekommt. Und dieses Kind ist nur eins von vielen,
die unter Verfolgung, Angst und Hunger leiden.

Krieg und Angst sind kollektive Phänomene.

Die Kriegsberichterstattung in Presse und Fernsehen fließen in die eigenen nebelhaften Kriegserinnerungen mit ein. Die Kriegsgeschehen in Afghanistan, Syrien, in der Ukraine und afrikanischen Ländern finden sich gespiegelt in den Kindheitsbildern wieder. Eins spiegelt sich in dem anderen - ein ewiger Kreislauf von Angst, Zerstörung, Flucht und Elend.

In den ersten künstlerischen Jahren (Hochschule, Künstlerfreunde, Familie - du bekamst während des Studiums zwei Kinder) hast du die Vergangenheit mit deinen Ängsten beim Zeichnen in Paradiese verwandelt: erotische Darstellungen, Liebesszenen in idyllischen Landschaften.
Deine persönliche Situation hat sich verändert: Du bist erwachsen geworden. Du entdeckst deine Libido, die Liebe mit all ihren sinnlichen Höhenflügen beginnt eine große Rolle in deinem Leben zu spielen. Anlässlich einer Ausstellung in Duisburg schreibt die Westdeutsche Allgemeine Zeitung:

Mit überquellender Erfindungsgabe sind Figuren, menschliche und tierische Gestalten, dazu Zwischenwesen von hoher Phantastik, pflanzliche wie landschaftliche Elemente vereinigt - zur Wiedergabe von Träumen, Visionen, Süchten und Sehnsüchten, auch Ängsten eines von Eros bedrängten jungen Menschen: Dies alles niedergeschrieben mit einer zierlichen, doch einer unbarmherzig alle Empfindungen und Einfälle notierenden Feder.

„Eng sind die Schiffe",
Farbradierung,
19,5 × 15 cm und 15 × 19,5 cm,
aus: Saint John Perse:
„Eng sind die Schiffe",
Farbradierungen von
Sabine Franek-Koch im
Rembrandt Verlag Berlin 1968

Und so wird der Eros auch zum zentralen Thema deiner Zeichnungen und Radierungen. In München wird deine Ausstellung
(eine Übernahme der Galerie Pels-Leusden Berlin) wegen
Pornografie geschlossen.

In meinen Bildern nehmen meine Wünsche, Sehnsüchte und Träume Gestalt an. Daher leben meine Figuren in einem paradiesischen Zustand, der aber durch fremde
eindringende Wesen bedroht wird, schreibst du 1973.

Die Idylle in deinem Werk ist heute ein Dschungel, in dem
sich kriegerische Kampfszenen abspielen - Finger am Abzug.
Reaktion eines Sammlers:

Da gefriert einem ja das Herz.

Schaut man genauer hin, verkehren sich die vermeintlichen
Paradiese in ihr Gegenteil. Du benutzt sie als Kulisse. So
wird das Paradies zur Kampfzone. Hinter der Schönheit lauert
Unheil.

(„Ein jeder Engel ist schrecklich", schreibt Rilke in den Duineser Elegien.)

Manchmal, wenn du nachts aus der Sauna kommst, auf den Deich
steigst und in den Himmel schaust, nach den vertrauten
Sternbildern suchst, die Nachtluft den heißen Körper kühlt,
ist das „verlorene" Paradies ganz nah. Die Kriegsbilder
werden in leuchtende Himmelskörper verwandelt, und das Kind
sagt: Das ist schrecklich schön. Der neunjährige Ivo sagt:
Everything is awesome - everything is cool.

»Zauberei«   Julius Frank-bock 1961

Zauberei, 1961
Strichätzung
30,5 × 48,5 cm auf 48 × 73 cm

Karussell,
aus: Kassette Karussell
mit 6 Radierungen,
Rembrandt Verlag Berlin, 1979

Zauberei, 1966
Farbradierung von 2 Platten,
39,7 × 49 cm auf 75,4 cm

Der goldene Esel, 1964
Strichätzung/Kaltnadel
22,5 × 49,5 cm

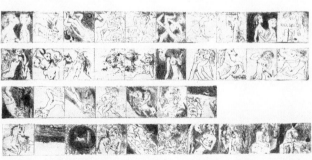

Tagebuchauszug. Ein Zitat von Hermann Hesse. Als du 14 Jahre
alt warst, hast du es mit der Hand abgeschrieben:

> Die Welt war nie ein Paradies, sie ist nicht früher gut gewesen und jetzt Hölle gewor-
> den, sondern sie ist immer und jederzeit unvollkommen und dreckig und bedarf,
> um ertragen und wertvoll zu werden, der Liebe und des Glaubens.

Und wenn die Welt auch nie ein Paradies war, so sehnt sich
der Mensch nach dem paradiesischen Zustand. Und ist nicht
die Erinnerung das einzige Paradies, aus dem wir nicht
vertrieben werden können? Wehe, wenn sie Hölle war!
Schau dir die Darstellungen vom Paradies in der Kunst-
geschichte an: die Paradiesgärtlein, der Garten Eden,
die zahllosen Adam-und-Eva-Darstellungen. Sie sind wie
„Tattoos", die dem abendländischen Menschen in die Haut
gestochen wurden. Gleichen nicht die schönen Momente im
Leben einer Rückerinnerung ans Paradies? Dagegen entsprechen
die grausamen Taten, die bestialischen Folterungen und
Hinrichtungen in aktuellen Kriegsgebieten, den apokalyp-
tischen Höllendarstellungen, die die Künstler seit mehr als
tausend Jahren thematisieren. Werden nicht schon in frühen
Felszeichnungen Krieger dargestellt?
So ertappst du dich hin und wieder, die Augen vor der Realität zu verschließen – aus Notwehr –, oder du versteckst das
Böse im botanischen Garten.

Botanischer Garten 3 (shooting gun), 2009
Mischtechnik auf Tapete auf Leinwand, 112 × 138 cm

Schlaf' Kindlein, schlaf'!
Dein Vater hüt't die
                Schaf.
Die Mutter schüttelt's
                Bäumelein
Da fällt herab ein
                Träumelein
Schlaf' Kindlein, schlaf!

Deine Arbeiten bewegen sich zwischen Fiktion und Realität.
In der Vorstellung erfundene Dinge können durchaus realer
sein als die Wirklichkeit:

„fictional beings are sometimes more real than people with bodies and heartbeats"
heißt eine Arbeit aus dem Jahr 1992.

Eine Mischung aus dem Realen und dem Irrealen erzeugt Spannung, Irritation und ein erweitertes Spektrum der Wahrneh-
mung. Es passiert, dass in den Bildern und in den Texten
die Grenzen zwischen diesen beiden Polen verschwimmen, so
wie in den Erinnerungen.

Hin und wieder klingen in dir immer noch die Lieder der Mutter, die sie den Kindern abends in ihren Bettchen vorsang:

Und so sahst du in deiner kindlichen Vorstellungskraft den
vermissten Vater irgendwo in weiter Ferne Schafe hüten.

Das Motiv des Schäfers gleicht dem Falkenmotiv in der
Novelle, es zieht sich durch dein Werk, und das Lied begleitet dich dein Leben lang. Es liegt dir nichts ferner, als
dein Werk zu interpretieren, doch fragst du dich, ob sich
in ihm, dem Schäfer, nicht der Konflikt des Vaterverlustes
spiegelt. So wie man sagt:

jede Novelle muss ihren Falken haben,

sagst du ganz vorsichtig und fragend: Möglicherweise ist
der Schäfer das Leitmotiv, das Symbol. Hier tritt die schon
erwähnte Unsicherheit im Schreiben zutage, du traust dich
und du traust dich nicht. Beim Malen weißt du zwar vorher auch nicht, was am Ende herauskommt – es ist immer ein
Abenteuer –, aber der Prozess des malerischen Tuns und die
Entscheidung, wann ein Bild fertig ist, folgt deiner inneren
Logik – problemlos.

Heisterbusch – 22. Juli '88, 1988, Mischtechnik auf Papier, 76 × 108 cm

Oskar Einhorn

Fütterung

Heisterbusch 2, 1988, Mischtechnik auf Papier, 76 × 108 cm

Deichwache, 2013

Während eines Stipendiums auf Schloss Bleckede 1984 schließt du dich einem Schäfer an und wanderst mit ihm und seiner Herde auf dem Elbdeich. Mit einem Tonbandgerät und einem Mikrofon („Sennheiser", das dich schon in Peru begleitete) bewaffnet, wolltest du etwas über die Schafzucht und die Gegend erfahren. Doch er erzählte vom Krieg. Er hatte eine Hand verloren. Anstelle der Hand ragte aus seinem rechten Ärmel eine Art Metallbohrer hervor, an dessen Ende ein Fleischerhaken die fehlende Hand ersetzte (so wie bei Captain Hook) - ein beängstigendes Instrument.

Viel lieber erinnerst du dich an den Schäfer vom Heister-
busch, der mit seiner großen Herde Richtung Radegast den
Deich abging. Ihn beobachtest du, als er während der Hoch-
wasserkatastrophe im Frühjahr 1988 mit einem Kahn in unzäh-
ligen Überfahrten seine Schafe evakuiert. Du wirst zur
Deichwache eingeteilt und beeindruckt von der Kraft des
Elements Wasser und der Ohnmacht des Menschen entsteht das
Buch „Heisterbusch".

Protagonist ist der damalige Schäfer vom Heisterbusch. Du betonst „damalige", weil inzwischen ein anderer Schäfer den Heisterbusch innehat, will sagen: jemand, der dir mit seiner Familie sehr vertraut und lieb geworden ist.

Immer auf Erforschung dieses dir zuerst fremden, bald durch
ausgedehnte Spaziergänge erkundeten ländlichen Landstrichs
entdeckst du in dem kleinen Dorf Radegast eine leer stehende
Scheune mit viel Wiese ringsherum. Dieser Ort wird deine
zweite Heimat, deine Arbeitsstätte. Du schaffst dir Heid-
schnucken an und besitzt nun deine eigene kleine Herde. Du
hast den Vater abgelöst und hütest selbst Schafe - vielleicht eine Möglichkeit, die Enttäuschung, dass er kein
Schäfer war, zu ertragen. Versöhnung.

Da gab es noch das andere sehr traurige und unheimliche
Lied, welches die Mutter sang:

Maikäfer, flieg!
Der Vater ist im Krieg.
Die Mutter ist in Pommerland.
Und Pommerland ist abgebrannt

Maikäfer flieg, 2013
Mischtechnik auf Leinwand, 30 × 24 cm

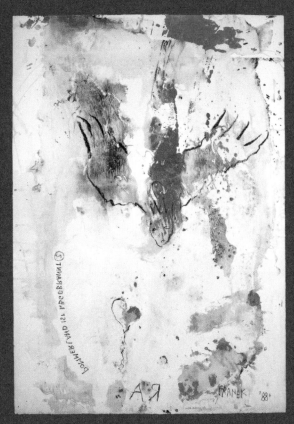

Pommerland ist abgebrannt I, II, III 1988
Mischtechnik auf Papier
108 × 76 cm

TAKE 8

Mit dem Abitur verlässt du das Ruhrgebiet. Die Mutter hatte dich schon für ein Medizinstudium in Marburg angemeldet, du aber bewirbst dich an der Hochschule für Bildende Künste in Berlin. Mit einer Mappe unter dem Arm besteigst du den Interzonenzug. Während dieser Zugfahrt tauchen Kriegserinnerungen auf; zerstörte Häuser, Ruinen, kaputte Züge, ausgebrannte Waggons begleiten deine Reise durch die Zone und bringen dich in eine Stadt, die 1959 noch stark vom Krieg gezeichnet ist.

Einschusslöcher in den Hauswänden, Kriegsbrachen durch abgeräumte Trümmerreste – Leere, eine Leere, die du vom deutschen Wirtschaftswunder geprägten Ruhrgebiet kaum noch kennst. Dennoch spürst du, dies ist deine Stadt, hier bist du zu Hause.

2010 beschreibst du in einem Text für eine Broschüre deinen ersten Eindruck, den du 1959/60 von der Potsdamer Straße hattest:

STRASSE DER ERINNERUNG – NÄCHTLICH

Potsdamer Straße – der Sportpalast
als Kunststudenten der Hochschule für Bildende Künste am Kleistpark besuchten wir regelmäßig das 6-Tagerennen im Sportpalast, pfiffen auf Fingern, brüllten „Rudiii" (gemeint ist der Radprofi Rudi Altig) und genossen das Volksgemenge und den Rausch der Geschwindigkeit der vorüber rasenden Radfahrer.
Ebendort:
Leonard Cohen mit dem aus dem Stehgreif improvisierten „Song of the Barking Dog", weil im Publikum ein Hund bellte, der daraufhin verstummte –
Frank Zappa unablässig redend –
Klaus Kinski, Francois Villon rezitierend, schreiend, röchelnd, wimmernd, zärtlich, leise und sich so sexy und wild gebärdend nach dem „Erdbeermund".
Das Drumherum: eine bunte Mischung aus Imbißbuden (geöffnet die ganze Nacht, Suppe eine Mark, Klarer 50 Pfennig), exotischem Nuttenstrich und seltsamen Existenzen – wie Filmstills aus Filmen von Fellini und Almodóvar.*

*Aus: Die Potsdamer Straße – eine Charme-Offensive, herausgegeben von Sibylle Nägele und Joy Markert, Berlin 2010

Genau betrachtet, ist dein Zuhause immer da, wo es die Möglichkeit gibt, deiner künstlerischen Arbeit nachzugehen. Und das geschieht in den letzten 30 Jahren immer mehr auf dem Lande, hinter dem Elbdeich, wo du – zurückgezogen – in deinem Radegaster Atelier die Ruhe zum Arbeiten, aber auch die Natur ringsum hast; bei deinen Spaziergängen auf dem Deich oder in den Elbwiesen deinen Gedanken nachgehen und Atem schöpfen kannst. Ohne sich vor den aktuellen Geschehnissen zu verschließen, kannst du dich hier ungestört der Erinnerung ausliefern. So geschehen in den Kindheitsbildern 2013 und 2014.

... Time fades away ...

DIE KRIEGERIN, 2015
Mischtechnik auf Fermacell
30 × 24 cm

Kindheitsbilder

„Sabinchen war ein Frauenzimmer," 2013
22 X 19,5 cm

Der Krieg bedeutet
Flieger, Bomben,
Luftschutzkeller
jeder Tag war bestimmt
durch die Meldungen
im Volksempfänger

STUKAS

JUNKERS
JU 87

SABINCHEN WAR EIN
FRAUENZIMMER
FRANEK 2013

DIE SCHWESTER (mein erstes Schuljahr), 2013
Mischtechnik auf Fermacell
22,3 × 19,8 cm

DER VATER, 2013
Mischtechnik auf Fermacell
23 × 19 cm

13. Geburtstag 1929, 2013
Mischtechnik auf Fermacell
22,4 × 19,5 cm

am Himmel über Polen (AMOR), 2013
Mischtechnik auf Fermacell
23,4 × 19 cm

Pommerland ist abgebrannt, 2013
Mischtechnik auf Fermacell
25 × 30 cm

CHRONICA, 2013
Mischtechnik auf Fermacell
36,5 × 28 cm

„Der Bruder," 2013, 32 x 27,5cm
der "Kohlenpott" mit
seinen rauchenden Schloten
man sagte: „nach dem
Naseschnauben hast du
ein Brikett im Taschentuch"
die Zechen, die Bergarbeiter-
siedlung mit ihren Gemüse-
gärten...
die Seifenkisten rennen –
die Taubenvereine...

„Sanctus", 2014, 22 x 25,3 cm

ein Floß mit Geistlichen
im Hintergrund Kiew
brenned
unten: die kleine
Schwester mit Luft-
ballon

SANCTUS, 2014
Mischtechnik auf Fermacell
22 × 25,3 cm

" Crayfish ", 2014,
37' x 32 cm

Am 14. April 1945
werfen 724 Flugzeuge
der Royal Air Force
1752 Tonnen Bomben
auf die Stadt - der Code
für den Angriff lautet:
CRAYFISH das ist:
Flußkrebs -
3 Wochen vor der Kapitulation.

CRAYFISH
14. APRIL
1945
POTSDAM

FRAYEK 2014

„In Begleitung I" 2014
37, 5 x 32 cm

Gestern:
in der Vorstellung bringt
dich der an der Front
kämpfende Vater in
den Luftschutzkeller

DER VATER HÜT' DIE SCHAF, 2014
Mischtechnik auf Fermacell
32 × 28 cm

IN BEGLEITUNG II, 2014
Mischtechnik auf Fermacell
44,5 × 28,5 cm

VERLORENE POSTEN, 2014
Mischtechnik auf Fermacell
30 × 21 cm

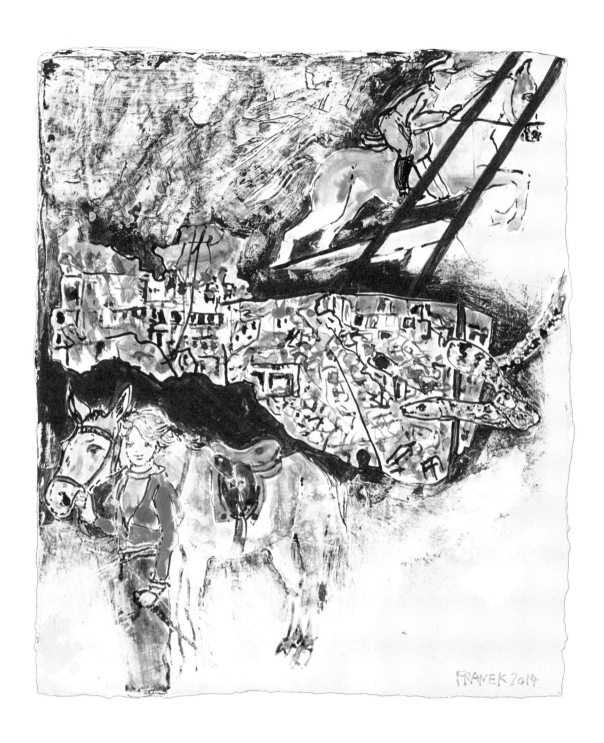

ABSEITS DER KAMPFZONE, 2014
Mischtechnik auf Fermacell
25 × 21 cm

„Everything is awesome"
2014, 22,5 X 20,5 cm

Du bist Ivo, dein
Enkel und die
Fledermaus hat ihr
Fell verloren

„ Horex und andere Kräder,[+]
(1938 / 1950) ", 2014
22,2 × 20,5 cm

1938 Motorradstaffel
des Heeres
1950 Horex mit
Beiwagen

„Die Raucherin
(Fahrraddiebe)" 2014
50,2 × 43 cm

du bist 14 Jahre alt,
rauchst Gauloises
und Gitanes maïs
und siehst den
Film: Fahrraddiebe
von Vittorio de Sica

1954
du bist 14 JAHRE alt
RAUCHST GAULOISES & GITANES MAIS
+ siehst den Film: FAHRRADDIEBE von
Vittorio de Jica

FRANEK
2014

WASCHSALON, 2014
Mischtechnik auf Fermacell
36,7 × 25 cm

SCHLAFSAAL, 2014
Mischtechnik auf Fermacell
33,8 × 27,2 cm

„ Bäderland, "
2014 ,   33 × 26,5 cm

1945 lebst du in
einer Irrenanstalt,
verläufst dich auf
deinen nächtlichen
Streifzügen und
triffst einen Biber,
der dir den Weg.
weist.

LES CAVES, 2014
Mischtechnik auf Fermacell
20,5 × 21 cm

DAS LIED DES MURMELTIERS, 2014
Mischtechnik auf Fermacell
21 × 22 cm

VICTORY, 2014
Mischtechnik auf Fermacell
44,5 × 28 cm

OPEL OLYMPIA RECORD CABRIOLET, 2014
Mischtechnik auf Fermacell
28 × 44,5 cm

„Paulinchen war allein
zu Haus," 2014
50 x 44 cm

die Geschichten des
Struwwelpeter machen
dir Angst
die Burkafrauen
schauen zu

„Die Souffleuse", 2014
50 x 43 cm
flüstert Szenen
aus deinem Leben

du spielst Hockey
mit deinem Enkel
Kai,
eine Drohne beobachtet
euch

„die chronistin," 2014
50 x 43,5 cm

du bist 13 Jahre alt
und zeichnest deinen
Enkel als Alien
verkleidet und dich
als Todesballerina,
die in den Wolken
tanzt

„Fluß der Jahre," 2014
21 x 22 cm

2014 erklärt ein
russischer Soldat einem
Kind sein Maschinengewehr

1943 du hälst den
Hermelin im Arm –
dazwischen fließen die
Jahre dahin

C. D. Friedrich im Kopf, 2014
Mischtechnik auf Fermacell
37 × 26 cm

RITTER, ZWERG & DRACHE, 2014
Mischtechnik auf Fermacell
25 × 21 cm

„ Im Sauseschritt," 2014
30 X 21 cm

Nachkriegszeit im
Deutschland
Kinder in Aleppo
(Syrien 2014)

Verlust der Kindheit, 1973
Kasten mit verschiedenen Materialien
41,5 × 31 × 19 cm

Wunderkammer

WUNDERKAMMER „… wenn man sich die ursprüngliche Idee der Wunderkammer vor Augen führt, muss man verstehen, dass die letzten Entwicklungen - wie das world wide web - kaum ein anderer Gegenstand ist als etwas, was wir in einem Raritätenkabinett des 16. Jahrhunderts gefunden hätten … Zwei Kategorien machten die Wunder aus, erstens: Sie kamen von einem entfernten Ort. Zweitens: Es handelte sich um einen Gegenstand in unserem Kosmos, dem noch nicht die nötige Aufmerksamkeit gegolten hat …"

Birte Kleemann. In: WUNDERKAMMER, Brooklyn Fine Arts, 2012

```
- meine Wunderkammer ist ein Gedächtnisspeicher und eine
Recherche in die Vergangenheit, auch Vergleich meiner frü-
hen Radierungen, den Zeichnungen meiner Kinder mit meinen
Arbeiten heute - als Bricolagen auf schwarzem Grund gebannt:
MNEMOSYNE
16. Oktober 2012, FRANEK
```

WUNDERKAMMER 1 (superkalifragilistikexpialigetisch), 2012
Bricolage auf Sperrholz
52 × 37 cm

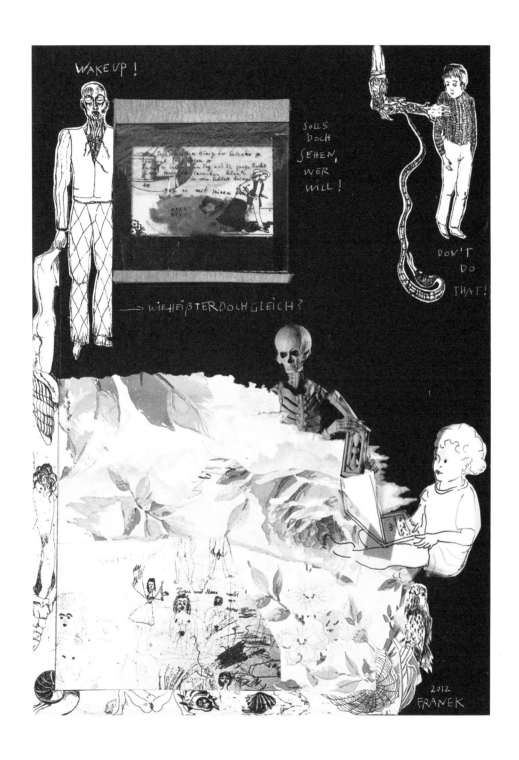

WUNDERKAMMER 2 (Das Böse kommt auf leisen Sohlen), 2012
Bricolage auf Sperrholz
52 × 37 cm

WUNDERKAMMER 3 (Du sollst den Mond anmalen), 2012
Bricolage auf Sperrholz
52 × 37 cm

WUNDERKAMMER 4 (Vater. Mutter. Kinder), 2012
Bricolage auf Sperrholz
52 × 37 cm

WUNDERKAMMER 5 (o Du mein stilles Tal), 2012
Bricolage auf Sperrholz
52 × 37 cm

WUNDERKAMMER 7 (wieviel ist eigentlich ewig), 2012
Bricolage auf Sperrholz
52 × 37 cm

Ausschnitt aus WUNDERKAMMER 5
(o Du mein stilles Tal), 2012

WUNDERKAMMER 9 (Rosebud), 2012
Bricolage auf Sperrholz
95 × 75 cm

Erstmals wird der weiße, eselähnliche Paarhufer von Ktesias (um 400 v. Chr.) beschrieben, später detaillierter von Plinius, der auch auf die Heilkraft des Hornes verweist. Noch heute ist das Einhorn ein Apotheken-Symbol. Im Alexanderroman und im Physiologus wird die Einhorngeschichte ausführlich geschildert, farbenprächtig ausgemalt, von Isidor von Sevilla nacherzählt. So findet sie Eingang in den Kosmos mittelalterlich-christlicher Symbolvorstellungen: Das reine, starke Tier kann nur durch List bezwungen werden. Gewahrt es eine Jungfrau, so legt es friedlich seinen Kopf in deren Schoß. Auf Kapitellen, in Buchmalereien und auf Teppichen wird immer wieder die „Einhornjagd" dargestellt, eine seltsame mythische Umschreibung der Geburt Christi aus der Jungfrau Maria: Der Erzengel Gabriel bläst das Jagdhorn, das Einhorn flieht ins „Paradiesgärtlein", den „Hortus Conclusus" - Symbol der Jungfräulichkeit - zu Maria, die es demütig aufnimmt. Das Einhorn wird schließlich selbst zum Symbol Christi, „der gegen seine Gegner mittels seines Kreuzes wie mit einem Horn kämpft; in diesem Horn ruht unsere Zuversicht" (Pseudo-Johannes Chrysostomus).

In dem Teppichzyklus, den Prosper Mérimée und George Sand im Schloß von Boussac entdeckten, um den sich viele mittlerweile widerlegte Interpretations-Legenden ranken bis hin zu einer Liebesgeschichte wie aus 1001-Nacht, ohne daß es der Forschung bisher gelungen wäre, plausible Antworten auf alle Fragen zu finden, ist der Ort des Geschehens zwar auch ein paradiesischer Garten, doch es geht hier wohl kaum um Maria und die bevorstehende Geburt des Jesusknaben. Vielmehr begegnet das Einhorn - zusammen mit anderen Tieren - in allegorischen Darstellungen der fünf Sinne, die schließlich, in einem sechsten Teppich, moralisierend relativiert werden: Die Dame legt ihren Schmuck ab zum Zeichen dafür, daß sie nicht vorhat, sich von den Sinnen überwältigen zu lassen.

Hans Gercke. Auszug aus: Die Dame und das Einhorn, FRANEK, Allegorien der Sinne,
Kunstverein Uelzen. 2001

WUNDERKAMMER 15 (Einhorn), 2013
Bricolage auf Sperrholz
90 × 65 cm

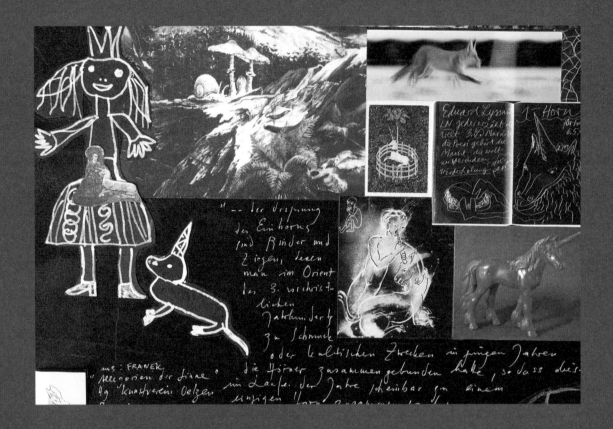

Ausschnitte aus
WUNDERKAMMER 15 (Einhorn), 2013
Bricolage auf Sperrholz

Bodenarbeit im Atelier Radegast, 2012
Mischtechnik auf Asphalt
8 × 4 m

Kindheit und Werk

o Allmächtiger 1, 1986
Mischtechnik auf Leinwand
190 × 240 cm

Schäferbild, 1984
Mischtechnik auf Leinwand
190 × 220 cm

Der Zyklus *Legende Deutschland* […], literarisch inspiriert von Heinrich Heines Gedichtzyklus *Deutschland. Ein Wintermärchen*, verdankt seine Entstehung einem unmittelbaren politischen Erlebnis, dem Fall der Mauer, und entstand im Rahmen eines Wettbewerbs für „Kunst am Bau" des Museums Haus der Geschichte der Bundesrepublik Deutschland. Die Behandlung des Themas durch die Malerin offenbart aber, wie sie ihrer Weltsicht treu bleibt, indem sie das tagespolitische, gegenwartsgebundene Geschehen mythisch überhöht und zu einer tieferen geschichtlichen Deutung führt.

Auf dem Triptychon *Geistesblitze* steht die Malerin links oben ihrem Schattenbild gegenüber. In der linken Hand hält sie die Malerpalette, in der rechten die Malpinsel. Aus ihrem Kopf schießen „Geistesblitze". Oberhalb der Gestalt der Malerin sieht man die Mauer zusammenbrechen. Auf einem Mauersegment ist noch der Schriftzug „WALL" zu erkennen, auf einem anderen ein Hakenkreuz, beides Erinnerungen an vergangene dunkle Epochen. Auch die Wachtürme stürzen ein, und Rudel von Tieren, Rehe, Wildschweine, Hasen und eine Eule nutzen die neue Freiheit, über die aufbrechende Grenze zu wechseln. Der furiose Malgestus läßt die Dramatik der damaligen Ereignisse wieder lebendig werden. „Die Zeitgeschichte erhält eine märchenhafte zeitlose wie präzise auf die Situation der fallenden Mauer bezogene Interpretation" (Jens Christian Jensen). […]

So möchte Sabine Franek das Triptychon als eine hymnische Feier auf die Kraft der Gedanken verstanden wissen, Gedanken, die Mauern zum Einsturz bringen können, Kräfte, die […] über ihre unmittelbare politische Wirkung hinaus auch ein Weltganzes von Tier und Mensch wiederherstellen können. Begreift man das Triptychon in diesem umfassenderen Sinne, gewinnt die Gestalt der Malerin etwas Schamanenhaftes: Sie wird zur Seherin, die den Anbruch einer neuen Zeit verkündet.

Andreas Kaernbach
Kurator der Kunstsammlung des Deutschen Bundestages   •

Legende Deutschland (Fries oben: Mit Flügelschlägen, Tiptychon unten: Geistesblitze), 1989
Mischtechnik auf Leinwand
oben: 120 × 370 cm
unten: 210 × 370 cm

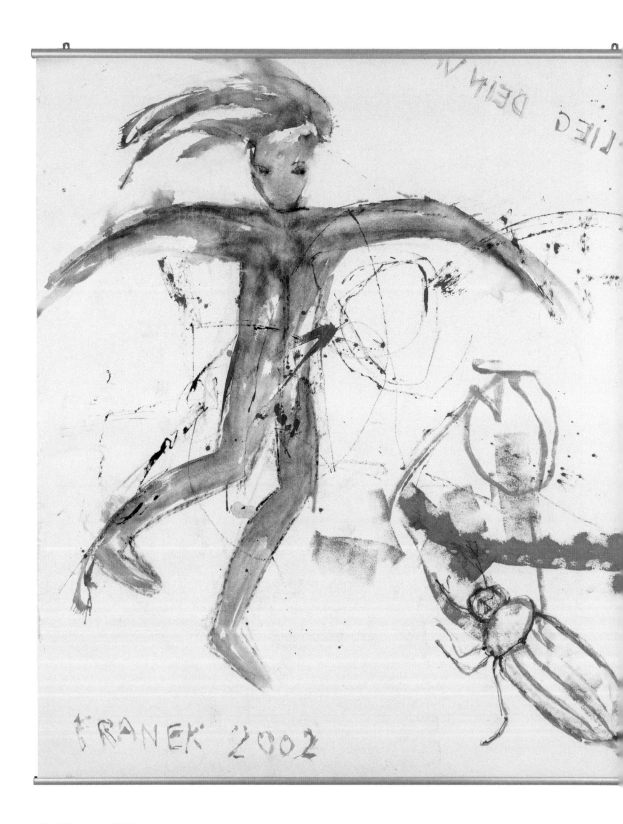

Maikäfer flieg, 2002
Mischtechnik auf Leinwand
2 Teile: 210 × 183,5 und 210 × 178,5 cm

MAIKÄFER

Kinderspiele – paradiesisch 14, 2009
Mischtechnik auf Tapete
222,5 × 69 cm

Kinderspiele - paradiesisch 15, 2010
Mischtechnik auf Tapete
170 × 136 cm

Kinderspiele – paradiesisch 13, 2009
Mischtechnik auf Tapete
210,5 × 68,5 cm

Kinderspiele – paradiesisch 10, 2009
Mischtechnik auf Tapete
170 × 136 cm

SPACETIME V., 2011
Mischtechnik auf Leinwand
80 × 120 cm

SPACE IV., 2011
Mischtechnik auf Papier
120 × 80 cm

SPACE I., 2011
Mischtechnik auf Papier
120 × 80 cm

CYBERSPACE 1, 2011
Mischtechnik auf Leinwand
140 × 210 cm

SPACE XI., 2011
Mischtechnik auf Papier
120 × 80 cm

CYBERSPACE 8, 2012
Mischtechnik auf Leinwand
150 × 222 cm

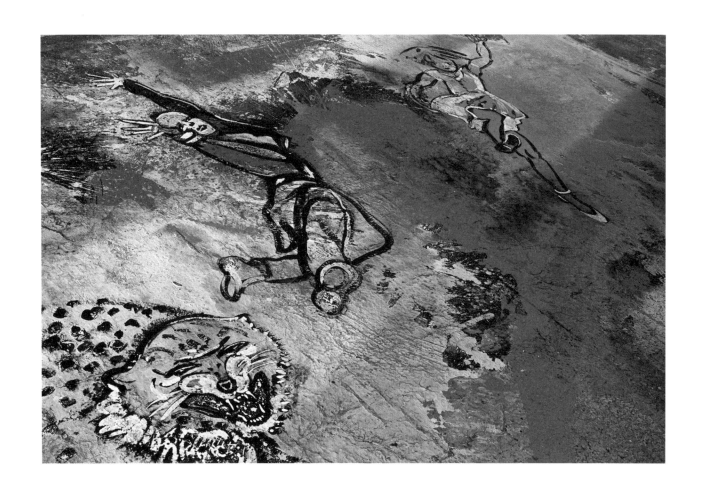

CYBERSPACE 4, 2012
Mischtechnik auf Leinwand
140 × 210 cm

SPACE II., 2011
Mischtechnik auf Papier
120 × 80 cm

Close up 6
(Ausschnitt aus CYBERSPACE 4)

CYBERSPACE 4, 2012
Mischtechnik auf Leinwand
140 × 210 cm

HURRY UP PLEASE ITS TIME 1, 2012
Mischtechnik auf Leinwand
65 × 90 cm

HURRY UP PLEASE ITS TIME 2, 2012
Mischtechnik auf Leinwand
65 × 90 cm

HURRY UP PLEASE ITS TIME 5, 2012
Mischtechnik auf Leinwand
65 × 90 cm

HURRY UP PLEASE ITS TIME 6, 2012
Mischtechnik auf Leinwand
65 × 90 cm

HURRY UP PLEASE ITS TIME 3, 2012
Mischtechnik auf Leinwand
65 × 90 cm

HURRY UP PLEASE ITS TIME 4, 2012
Mischtechnik auf Leinwand
65 × 90 cm

Der Vampir im Rücken übt den Kinderschritt, 2003
Mischtechnik auf Papier
107 × 155 cm

FRANEK-CILLEN

Querfeldein, 1999
Mischtechnik auf Leinwand, 90 × 85 cm

ECKHART J. GILLEN: Wenn ich mir Dein Buch „als die Soldaten Schäfer waren" anschaue, dann fällt mir auf, dass die Kindheit wie ein roter Faden sich durch Dein ganzes Werk zieht. Jetzt hast Du die vielen, vielleicht noch unbewusst entstandenen Szenen zu einem Buch gebündelt. Sichtbar wird das verborgene Motiv Deiner Arbeit als Künstlerin, das, was Dich überhaupt zum Malen gebracht hat. Du schreibst in Deinem Text ja selbst, wie früh es Dich gedrängt hat, zu zeichnen und zu malen. Für Dich war es offenbar das ideale Medium, Deine Gefühle, Ängste und Freuden zum Ausdruck zu bringen. Das Titelblatt zeigt eine Eisenbahn als Metapher für die Flucht und die vielen Umzüge und Reisen im Laufe Deiner Kindheit mit all den Einsamkeitsgefühlen, die ja dann auch wiederum die Chance waren, zu sich selbst zu kommen. Wenn man einsam ist, sucht man einen Dialogpartner und der warst Du selbst. So bist Du schreibend, zeichnend und malend schon früh mit Dir in einen Dialog eingetreten. Kinder spielen in Deinen Bildern von Anfang an eine große Rolle, so zum Beispiel das Rotkäppchen.

> FRANEK: Früher habe ich von Menschenwesen gesprochen, weil ich weder Kinder noch Erwachsene sagen wollte. Und dann hat sich das aber mit den Kindern immer weiter herauskristallisiert, weil Kinder nicht geschlechtsspezifisch, eher neutral sind. In jedem ist etwas von einem Kind, in Männern wie in Frauen, eine Art Kern, der in jedem Menschen drin steckt. Dass ich schon sehr früh Malerin werden wollte, mag folgenden Grund haben: Ich war die älteste von fünf Kindern und hatte keinen richtigen Gesprächspartner, außer meiner Mutter, die aber natürlich immer sehr bemüht war, uns alle satt zu kriegen, und auch sonst mit dem alltäglichen Kram beschäftigt war. So oft es möglich war, hab ich mich zurückgezogen, in mein Tagesbuch geschrieben; da war ich so elf, zwölf Jahre alt. Im Tagebuch - später wurden es mehrere - sind neben der Schrift ganz kleine Zeichnungen zu sehen, Bildchen, die den Text illustrieren. So sind jetzt auch meine Kindheitsbilder entstanden; einzelne Stationen, Erlebnisse und Begleitumstände meiner Kindheit sind hier dargestellt. Illustration hatte ja immer etwas Abfälliges unter Kollegen, so wie „narrativ", heute hat sich die Bedeutung verändert. Im Grunde sind es Illustrationen zu Kindheitsgeschichten, ob sie heiterer oder auch unheilvoller Art waren. Das äußert sich in den Farben, helle rosa Töne: Die als Malgründe alle zuerst hell, licht und neapel-orangefarben angelegt werden, dann kommen die dunklen, die schwarzen, die schieferfarbenen Malschichten.

EG: Also, es gab schon einen Zeitpunkt, wo Du speziell für dieses Buch gearbeitet hast. 2013. Ja?

> F: Ja.

EG: Du verwendest für diese Bilderserie als Bildträger ein besonderes Material, Fermacellplatten, mit denen man normalerweise Wände baut. Das ist ein ganz eigenartiges Material, sehr hart. Es bietet dir einen Widerstand im Gegensatz zur Leinwand, die nachgibt. Man kann mit diesem Material nur kleine Formate realisieren, weil es ein so hohes Gewicht hat. Auf diesen Platten arbeitest Du in Schichten, die Du teilweise mit dem Spachtel aufträgst und auch wieder abträgst. Wie bei einem Palimpsest werden Erinnerungsschichten freigelegt, aber auch überlagert von anderen Erinnerungen. Wie kam es zu dieser Idee, diese kleinen Formate zu machen und daraus dann eine eigene Serie zu entwickeln?

F: 2005 baute ich mit diesen Gipsfaserplatten eine Atelierwand. Ich nutzte die Reste als Malgrund, eine Herausforderung! Das Material ist rau und grobporig. So versuche ich zuerst eine glatte Oberfläche herzustellen, indem ich sie mit einem Feinspachtel bearbeite, dann schleife, damit die Zeichnung darauf steht. Ist die Fläche schließlich glatt genug, tauche ich die Rohrfeder in Tusche und beginne zu zeichnen. Die erste Ebene ist das Spachteln und Schleifen, die zweite Ebene ist die Zeichnung und die dritte Ebene, mit den Tuschen das Ganze weiter farbig zu gestalten. Dazwischen kommt immer wieder die Spachteltechnik zum Zuge. Ich habe manches wieder weggedrückt durch ein lasierendes Spachteln, dann hab ich wieder darauf gemalt. Dadurch ergeben sich keine wirklichen Schwarztöne, sondern sie sind alle immer leicht vergraut. Mir ist dann aufgefallen, erst als ich mitten in der Arbeit war, dass dieser Prozess im Grunde genau dem Erinnerungsprozess entspricht. Bei der Erinnerung suchst du - manchmal denkst du schon, das Gedächtnis ist vor die Hunde gegangen, und plötzlich entsteht ein Bild. Und dieses Bild bringt andere Bilder hervor, das erste Bild verschwindet wieder, es taucht manchmal wieder auf, oder die assoziativen Bilder werden plötzlich ganz stark und verdrängen das vorhergegangene. Dieser Prozess findet auch auf verschiedenen Ebenen statt. Mit Ebenen arbeitet man auch in Photoshop, je mehr Ebenen, desto vielschichtiger das Bild. In der Malerei erzeugen viele Schichten ein dichtes Gewebe von Strukturen, unvorhergesehene Farbmischungen und eine opake Tiefe.

EG: Gab es einen besonderen Anlass oder eine besondere Überlegung, jetzt mit dieser Serie anzufangen?

F: Natürlich tauchte hin und wieder der Gedanke auf, mal das aufzuschreiben, was ich als Kind erlebt habe. Doch man drückt sich davor, schiebt es vor sich her. Der Auslöser war ein Klassentreffen. Zum ersten Mal gab es persönliche Gespräche. Es stellte sich heraus, dass wir zwar gemeinsam die Schulzeit verbracht hatten, aber was geschah davor? Das Ruhrgebiet war damals ein „melting pot" von verschiedenen Flüchtlingen. Es gab, so glaube ich, höchstens ein, zwei dieser Mädchen, die in Mülheim geboren waren. Alle anderen kamen aus dem Osten, aus Ostpreußen, aus Pommern, aus verschiedenen anderen deutschen Ländern. Über das Davor haben wir während der Schulzeit nie gesprochen. Alle waren beschäftigt, sich in dieser neuen Umgebung, im Kohlenpott, zurechtzufinden, sich einzufügen in eine Welt, in der sehr schnell das deutsche Wirtschaftswunder blühte. So beschlossen wir ehemaligen Schülerinnen, unser Leben vor der Schulzeit aufzuschreiben. Dabei entwickelte ich die Idee, herauszufinden, welche Einflüsse meine Kindheit auf mein Werk hat.

EG: Das war das Mädchengymnasium in Mülheim, die Luisenschule, ja?

F: Ja, ein reines Mädchengymnasium, dort hab ich auch Abitur gemacht. Und dann geschah es: Mein Vater kam zurück aus russischer Kriegsgefangenschaft. Er kam zu uns nach Mülheim an der Ruhr, nachdem wir schließlich auf vielen Umwegen dort gelandet waren. Und da hat sich auch die Nachkriegszeit abgespielt, im zerbombten Ruhrgebiet. Doch wir waren keine unglücklichen Kinder, wir hatten auch nicht so das Bewusstsein, an Mangel zu leiden, obwohl wir oft Hunger hatten. Wir hatten ein großes abenteuerliches Terrain, wo wir uns austoben konnten, in den ehemaligen Luftschutzkellern oder auf den einzelnen Plätzen. Ich kann mich nicht erinnern, dass ich sehr gelitten hätte in der Nachkriegszeit.

EG: Ich habe das genauso empfunden als Nachkriegskind. Dieses Spielen in den Kellern von den Ruinen, die stundenlangen Wege von der Schule nach Hause, das war der eigentliche Spielplatz damals. Ich habe diese Kindheit nach dem Krieg, in der wir sehr arm waren, nie als Zeit des Mangels empfunden.

Ich denke, der eigentliche Adressat dieses Buchs ist Dein Vater, der ja eine Leerstelle bildete in der Familie. Du hattest Dich um ihn ganz besonders bemüht, weil Du ein schlechtes Gewissen hattest ihm gegenüber. Er war als Spätheimkehrer 1955 ein Fremder für Dich geworden. Den vergeblichen Versuch, ein Gespräch mit dem Vater zu führen, holst Du jetzt in diesen Bildern nach. Er ist dieser Schäfer auf der Titelseite, der dieses wunderbare Kinderlied ins Gedächtnis ruft …

> F: Schlaf, Kindlein, schlaf …

EG: … dein Vater hüt't die Schaf, die Mutter schüttelt's Bäumelein, da fällt herab ein Träumelein, schlaf, Kindlein, schlaf.

Du stellst Dir den Vater als Schäfer vor, eine Figur, die für Dich eine große Rolle spielt, hier in Radegast. Da gab es ja wirklich einen Schäfer, der viele Geschichten hier aus der Gegend erzählen konnte, aber auch seine Kriegsgeschichten. Aber gab es denn einen Dialog mit diesem Vater, der hier auf dem Titel als Schäfer erscheint?

> F: Der ehrliche, vertraute Dialog mit dem Vater hat nie stattgefunden. Es gab zwar Versuche, aber so richtig warm geworden bin ich mit diesem Vater nie. Und vielleicht ist mein Buch so eine Art Wiedergutmachung, denn ich hatte immer ein schlechtes Gewissen, weil wir ihn nicht zurückhaben wollten. Mag sein, dass der Vater in diesem Kontext als Hauptfigur erscheint, aber für mich war immer die Mutter die wichtige Person. Und sie verehre ich bis heute, weil sie damals Erstaunliches geleistet hat. Die Frau, sie war 29 Jahre alt, ist mit fünf Kindern geflüchtet und hat geschafft, uns zu ernähren und uns am Leben zu erhalten. Ihre Bemühungen, für uns eine Bleibe zu finden, die vielen Hindernisse – denn wer war bereit, eine Frau mit fünf Kindern aufzunehmen? Heute zurückblickend, wo wir alle so saturiert sind, in einer Überfluss-Gesellschaft leben, hat sie unter gnadenlosen Umständen ein großes Abenteuer gemeistert

EG: Ja, sie hat, obwohl sie große Ängste hatte, obwohl sie ganz alleine war, euch geschützt, versucht, euch das Gefühl von Geborgenheit und Sicherheit zu geben, auch wenn ihr sicher gespürt habt, dass sie natürlich auch Probleme und Ängste hatte.

> F: Sie hat viel gesungen und gepfiffen. Sie konnte wunderbar pfeifen, ganze Symphonien und Schlager aus den 30er-Jahren. Sie war einfach wahnsinnig musikalisch und durch ihr Singen und Pfeifen hat sie gute Stimmung verbreitet. Andererseits hat sie uns auch fürchterlich belogen, weil sie die Realität des Krieges in eine heile Scheinwelt verzauberte, will sagen: gefälscht hat. Sie hat sie neu erfunden, wie auch die „Grimms Märchen", die sie nie bis zum Ende vorgelesen hat. Vor Schluss begann

sie ihre eigene Märchendramaturgie zu entwickeln, und erst als wir lesen konnten, haben wir ihren „Betrug" gemerkt. Später hat sie sich verteidigt, sie wollte uns vor den Grausamkeiten schützen, wir sollten keine Angst haben. Angst hat man natürlich sowieso gehabt, denn unterschwellig spürt man schon, dass sich da etwas Unheimliches anbahnte. Ich denke, es war ihre Möglichkeit, überhaupt mit uns fertigzuwerden, eine Art Selbstschutz.

EG: Das war sicher auch ein Grund für Dich, sich sehr früh auf die eigenen Beine zu stellen und den eigenen Kopf zu benutzen. Das spürt man ja auch an Deiner Geschichte, dass Du früh erwachsen werden musstest und doch zugleich auch ein Kind sein konntest. Diese Haltung bestimmt ja Deine ganze Kunst und Dein ganzes Wesen, dass Du immer noch das Mädchen bist und gleichzeitig aber auch die Erwachsene, die den Dingen auf den Grund gehen will, die auch die Härte hat, das Verdrängte aufzudecken und sich nicht beschwichtigen zu lassen. Diese Verbindung finde ich ganz faszinierend, sie prägt auch Deine Malerei, in der das Kind im Mittelpunkt steht, das Kind, das vom Erwachsenen aus rückblickend verstanden, ernst genommen und damit bewahrt wird.
Dass man eigentlich mental immer auch noch ein Kind ist, das ist ein Phänomen, das ich auch kenne.
Bei Dir war es sicher diese spezielle Situation, dass die Familie eben nicht funktionierte oder nicht heil war, die Dich herausgefordert hat. Deshalb hast Du auch so früh Tagebuch geschrieben, alles notiert, was Dir merkwürdig erschien, aber auch Deine Gefühle protokolliert. Diese Situation mit dem Vater, auf den ihr gewartet habt, auf den man sich freuen sollte, verbunden mit all den Ängsten, was wird denn sein, wenn er tatsächlich wieder seinen Platz in der Familie einnehmen wird, das muss sehr belastend gewesen sein für Dich. So musstest Du schon sehr früh unterscheiden lernen, dass die Realität eine andere ist als die, die Dir von der Mutter erzählt wurde. Sie wollte Dir ja die bittere Wahrheit nicht zumuten und veränderte sogar die Märchen der Brüder Grimm. Die schwarze Pädagogik dieser Märchen sparte sie aus. Das war sicher ein früher Anstoß, Dich zu artikulieren, und das Artikulieren war für Dich von Anfang an verbunden mit dem Zeichnen und Malen.

> F: Da war diese Einsamkeit. Meine Geschwister, sie waren gar nicht viel jünger, aber sie waren viel zusammen und spielten miteinander. Ich war die Älteste und dadurch in die Rolle gezwungen, Pflichten zu übernehmen und meine Mutter teilweise auch zu entlasten. Meine Schwester und mein Bruder waren ein Herz und eine Seele, ich war allein.

EG: Du warst die Älteste unter Deinen Geschwistern?

> F: Ich war zwei Jahre älter als meine Schwester, meine Schwester war zwei Jahre älter als mein Bruder, die beiden verstanden sich gut, Verbündete. Ich hab mich oft zurückgezogen. Außerdem war ich sehr viel krank und musste tagelang das Bett hüten. Hab sehr viel gelesen, schon sehr früh. Meine Ängste und Sorgen und alles, was mich bewegte, hab ich diesem Tagebuch anvertraut. Da sind auch Seiten drin, die jetzt nicht im Buch abgedruckt sind, teilweise erschütternd. Wenn ich heute darin lese, kommt es mir so vor, als hätte das jemand anderes geschrieben. Manchmal fällt es mir schwer, mich mit diesem Kind zu identifizieren. Das Zeichnen und Malen

war mein Rückzug, meine Tauchstation, wo ich alles andere vergaß. Ich hatte nie ein eigenes Zimmer, musste mir immer ein Fleckchen suchen, wo ich mal für mich sein konnte. Auf der Flucht hatte man sowieso kein eigenes Zimmer, ist ja klar, aber auch später nicht. Vielleicht ein Grund für meine Sucht, große Räume zu bespielen.

EG: Und auch, an einem Ort zu sein …

F: Ja.

EG: Nicht ständig umzuziehen an einen anderen Ort, sondern wirklich sesshaft zu werden.

F: Sesshaft, ja, dennoch habe ich durch meine Projekte im indianischen Kulturbereich sehr große Reisen gemacht, bin jedoch immer wieder zurückgekehrt.

EG: Aber als Stammsitz sozusagen.

F: Der Berliner Stammsitz existiert nun schon 56 Jahre und mein Radegaster Atelier 31 Jahre. Beide Orte sind Heimat, mein Zuhause. Hier habe ich alles, was ich brauche, ich kann sofort arbeiten. Ich muss auch diese Reisen nicht mehr machen, ich schöpfe aus meinem eigenen Fundus, da ich von außen gar nichts mehr brauche. Vor einiger Zeit hatte ich ein Angebot, in Australien ein Projekt zu machen. Plötzlich hat mich das gar nicht mehr interessiert. Irgendwann hört es vielleicht auf, dass man sich durch Fremdes anregen lassen muss. Rezeptives Verhalten ist für mich ganz schwierig, ich hab ja auch keinen Fernseher. Ich gebe zu, dass sich in den letzten Jahren alles sehr stark auf mein Werk fokussiert. Auf das, was ich bin, was ich mache, was ich auch noch entwickeln möchte. Ich hab noch viele Ideen, die mir unter den Fingernägeln brennen. Die Zeit wird immer kürzer. Es ist ja so, dass man inzwischen ein weites Feld beackert hat, das immer wieder neu gepflügt werden muss und neue Früchte hervorbringen soll. Dieser Energieschub treibt mich weiter, und ich kann mich ihm nicht entziehen.

EG: Künstlerin zu sein, Kunst zu machen, ist eben nicht einfach ein Beruf, den man sich irgendwann aussucht, sondern eng verbunden mit der eigenen Biografie, mehr eine Obsession als eine freie Wahl. Man liefert sich den eigenen Bildern aus und ist daher auch zurückhaltend gegenüber den Bildern der anderen, weil man mit seinen eigenen Bildern ja schon fast überfordert ist. Die inneren Bilder können sehr bedrängend sein. Wenn Du Dich in die fremden Kulturen der Schamanen, der Indianer in South Dakota, in Südamerika oder in Mexiko begibst, dann tauchst Du wieder in die Welt Deiner eigenen, unzensierten Lektüre der Grimm'schen Märchen ein. Man glaubte immer, die Kinder vor den grausamen Märchen schützen zu müssen, aber die Kinder brauchen diese Märchen, um ihre Realität und ihre Ängste bewältigen zu können. Deine Mutter hat es gut gemeint, aber letztendlich musstest Du Dich am eigenen Schopf aus dieser Nachkriegsgeschichte retten.

F: Deswegen haben sich in meine Bilder häufig kriegerische Attribute eingeschlichen, wie bewaffnete Mädchen, Kindersoldaten, Kampfflugzeuge, Drohnen. Immer wenn es gerade paradiesisch erscheint, entdeckt man noch irgendwo ein Unheil, das dahinter verborgen ist. Auch in den Kindheitsbildern lauert das Böse. Es sind nicht nur Illustrationen, eher hintergründige Kommentare zu meiner Kindheit.

EG: Um das Leben genießen, um es leben zu können, muss man mit seiner Kindheit auf Du und Du sein. Man muss mit seiner Kindheit und Herkunft in einen Dialog kommen. Wenn man sie verdrängen würde, glaube ich, kann man sich nicht an der Gegenwart erfreuen.

F: Ich denke, wenn wir die Dinge in der rechten Perspektive sehen wollen, müssen wir versuchen, unsere Kindheit wie unsere Gegenwart zu verstehen.

EG: Ich kenne das auch von mir, der Vater ist schon tot gewesen, aber die Arbeit an einem Buch über ihn, die Herausgabe seiner Briefe an meine Mutter, das hat mich ein Jahr lang beschäftigt, dann konnte ich mit ihm Frieden machen. In dieser Form konnte der nie geführte Dialog mit ihm doch noch stattfinden.
Du konntest Deinem Vater eine Rolle zuweisen, den Schäfer eben, eine wunderbare schützende Gestalt. Am Ende konntest Du doch in ihm eine Art Schutzpatron sehen, den „guten Hirten" der frühchristlichen Ikonografie, auch wenn er diese Rolle im realen Leben nicht ausfüllen konnte. Der Buchtitel „als die Soldaten Schäfer waren" verbindet den Vater als Schäfer mit dem Soldaten und Deiner Geburt: In den frühen Morgenstunden des 1. September sagt Deine Mutter am Telefon zum Vater: „Es ist soweit" und er antwortet: „Das weiß ich schon", das ist ja schon …

F: … das große Missverständnis.

EG: … ein starker Familien-Mythos sozusagen.

F: Jetzt, wo ich meine Geschichte in Wort und Bild notiert habe, findet eine Art Versöhnung mit dem Vater statt, und damit ist das Thema für mich abgeschlossen. Auch die Schuldgefühle, die man immer mit sich herumgeschleppt hat, haben sich gelöst. Beim Schreiben habe ich bewusst die zweite Person gewählt, also nicht in Ich-Form geschrieben. Dadurch ist ein Dialog mit mir entstanden. Durch die Auseinandersetzung mit der Vaterfigur habe ich mich selbst genauer kennengelernt, ich bin auch mir näher gekommen. So konnte ich zu diesen ganz nahen Betroffenheitsgeschichten einen Abstand herstellen, und soweit ich das beurteilen kann, doch relativ normal erzählen, also ohne diesen emotionalen Ballast, den man oft hört, wenn Leute ihre Kriegserlebnisse erzählen und in Tränen ausbrechen. Das wollte ich nicht, und ich glaube, dadurch funktioniert es auch.

EG: Das stimmt. Das liest sich, wie wenn Du Dir einen langen Brief schreiben würdest, in dem Du Dir ganz nüchtern noch einmal die Erfahrungen, Gefühle, Erlebnisse und Ereignisse berichtest. Sie werden zusätzlich beglaubigt durch die Tagebuchauszüge, die Zeichnungen und Fotos von damals. Du versöhnst Dich mit Dir selber, ohne Dich in Pathosformeln oder Schmerzgebärden zu ergehen.

F: Ich fühle mich eher wie eine Chronistin, die das aufzeichnet, was da gewesen ist. Und Chronisten berichten sachlich, möglichst wahrheitsgetreu ohne persönliche Anteilnahme.

EG: Interessant ist es auch, dass Du mit den Zwischentiteln Take 1, Take 2 eine Form gefunden hast, die an die Filmtechnik der Rückblenden anknüpft. Du erzählst nicht chronologisch, sondern springst mitten hinein in das Ereignis 1955, wenn der Vater heimkehrt. Das offizielle Bild von der glücklichen Familie, das in der Zeitung vermittelt wird, erscheint und so weiter. Take 2 führt dann wieder zurück zur Heirat der Mutter, ein Jahr vor Deiner Geburt. Wie bist Du zu dieser Erzähltechnik gekommen?

> F: Ich hab das gar nicht wirklich reflektiert. Ich hab gedacht, ich fange jetzt nicht mit meiner Geburt an, ich wollte ja keinen Lebenslauf schreiben. Und plötzlich fiel mir ein, dass die Heimkehr des Vaters ein ganz entscheidendes Ereignis war. Also entschied ich mich, damit zu beginnen, kein Plan, keine Reihenfolge, alles Weitere ergab sich. Ich habe auch Filme gemacht, bin also vertraut mit dem Vokabular der Filmsprache. Ich bediene mich da hin und wieder, zum Beispiel habe ich einen meiner Kataloge „Plotpoints" genannt. Plötzlich fiel mir das Wort „Take" ein – es bedeutet Einstellung – und ich fand es besser als Kapitel. Take: Klappe zu!

EG: Bei den Szenen aus dieser Irrenanstalt in Göttingen oder diesem Park dort musste ich sofort an bestimmte Filme denken, wie „Shining" von Stanley Kubrick. Es entstehen sofort starke Bilder im Kopf beim Lesen Deiner Geschichte. Ich kann mir sofort vorstellen, was das damals bedeutet hat für Dich als Kind, diese Empfindung einer Angstlust in den langen Korridoren und Kellern.

> F: Angstlust oder eine von Grauen beflügelte Neugier.

EG: Ich finde es auch interessant, dass jetzt diese verschiedenen Ebenen, also die Sprache, dieser Dialog mit sich selbst, die Dokumente, die Tagebuchaufzeichnungen und die Bilder ein bestimmtes Format bekommen haben, dazu kommen große Gemälde, die im Buch einen eigenen Bereich haben. Diese kleinen Formate sind doch letztendlich eine in sich geschlossene Serie von Bildern, die Du 2013 angefangen hast und jetzt abschließt oder abgeschlossen hast im Hinblick auf dieses Buch?

> F: Nein, ich hab sie nicht im Hinblick auf das Buch abgeschlossen, sie ist jetzt für mich beendet. Ich habe einen bestimmten Zeitraum gewählt. In dem Augenblick, wo ich erwachsen werde, hört das Buch auf. Es gibt noch einen kleinen Ausblick auf Berlin. Erwachsen werde ich erst mit 19, als ich nach Berlin komme. So ist eine in sich geschlossene Werkgruppe entstanden, die auch zusammenbleiben sollte. An Verkauf habe ich bei diesem Projekt gar nicht gedacht. Diese Bilder sind Kleinode, sie müssen in eine Schatzkiste und an Festtagen an die Wand gehängt werden.

EG: Du hörst praktisch auf mit dem Beginn des Studiums in West-Berlin an der Hochschule der Bildenden Künste. Es ist ja interessant, dass Du den Sportpalast, das Sechstagerennen, das es damals noch gab, schilderst, was ja wiederum ein Sprung in die Vorkriegszeit ist, in die legendären Zwanzigerjahre.

> F: Ja, ich hab es noch erlebt.

EG: Als ich Ende '71 aus Südwestdeutschland nach West-Berlin kam, gab es noch diese Kohlelager, Ruinen und riesigen Brachen in der Stadt.

> F: Ich kam '59 nach Berlin, es war, als wäre die letzte Bombe gerade gefallen. Der Sportpalast stand noch, der wurde erst später ... vieles wurde ja später erst abgerissen. Den kurzen Text über den Sportpalast hatte ich für ein Buch über die Potsdamer Straße geschrieben. Er ist Abschluss und Ausblick zugleich.

EG: Aber Du bist erwachsen in einem Moment, wo Du wieder in eine Situation kommst, die Dich an Deine unmittelbare Nachkriegskindheit erinnert.

F: Ja, an Krieg und Bombennächte in Luftschutzkellern.

EG: Ich finde es bemerkenswert, dass Du Dir gerade West-Berlin ausgesucht hast. Du hättest auch nach Düsseldorf gehen können an die Kunstakademie, das wäre viel näher am Kunstmarkt, an den Galerien gelegen gewesen. Wer nach West-Berlin ging, dem lag das Verkaufen von Kunst eher fern.

F: Als ich mich bewarb, dachte ich gar nicht an den Kunstmarkt, den gab es damals auch noch nicht, ich wollte – auf Teufel komm raus – in Berlin aufgenommen werden. Das Rheinland und besonders Düsseldorf mit der „Kö", wo sich schon sehr bald der Wohlstand ausgebreitet hatte, symbolisierte alles, worunter ich im Ruhrgebiet gelitten hatte: ein bedrückendes gesellschaftliches Gefälle. Da wollte ich weg. Dank der Unterstützung meiner Mutter fuhr ich alleine mit einer Mappe unterm Arm mit dem Interzonenzug nach Berlin. Mein Bild vom Rheinland änderte sich später, als ich einen Düsseldorfer Galeristen hatte. Ich begann die Gegend zu lieben, die begeisterungsfähigen, kunstliebenden und kauflustigen Rheinländer. Ich fing an, diesen Erfolg zu genießen. Doch auch in Berlin hatte ich sehr früh eine Galerie, die legendäre Galerie Pels-Leusden. Berlin war für mich ein Neuanfang, ein aufregendes neues Kapitel in meinem Leben. Als Kunststudenten fuhren wir häufig nach Ost-Berlin. Dort kauften wir Schallplatten, Bücher, alles für wenig Geld – für eine Mark West gab es drei Mark Ost. Wir besuchten die Theater, die Oper, die Museen, sahen Filme. Berlin war mein Wunsch, und der hat sich dann auch erfüllt.

EG: Vielleicht spielte auch unbewusst die Nähe zu Potsdam eine Rolle. Deine Mutter ist ja noch einmal dorthin gefahren, wurde von den Russen verhaftet, konnte dann aber eine Riesenkiste ins Rheinland mitbringen. Es muss ein Abenteuer gewesen sein, sie zu öffnen, diese Wunderkiste mit all den Dingen, dem Porzellan und den Geschichten und Büchern, die sie zurückgelassen hat auf der Flucht. Da gab es plötzlich eine Begegnung mit einer geheimnisvollen Familienvergangenheit, die Du nicht bewusst erlebt hast.

F: Mein Verhältnis zu Potsdam hat etwas Tragisches. Meine Mutter liebte Potsdam und trauerte ihm nach wie einem verlorenen Paradies. Oft blätterten wir in einem Fotobuch mit Schwarz-Weiß-Fotos von Potsdam. Diese Bilder hab ich mir sehr genau angeschaut, und sie prägten sich mir ein, als hätte ich diese Stadt wirklich gekannt. Später in Berlin wollte ich immer nach Potsdam, doch damals ging es nicht, Potsdam lag in der „Zone", und die war für Berliner nicht zugänglich.
Und dann ergab sich irgendwann durch die Freundschaft mit Mike Cullen, dem Amerikaner, die Möglichkeit, nach Potsdam zu fahren, er zeigte es mir, und er kannte sich sehr gut aus.

EG: Der konnte als Amerikaner da hinfahren …

F: Ja, und ich erinnere mich nicht, wie er es angestellt hat, mich mitzunehmen. Er führte mich durchs Holländische Viertel, in Handwerksbetriebe, eine Orgelbauerwerkstatt. Wir verweilten in den wilden Gärten der Innenhöfe und spazierten natürlich auch durch die prächtigen Parks von Sanssouci. Da wusste ich, wenn ich mir einen Ort aussuchen kann, wo ich leben will, dann ist es Potsdam. Aber als es dann möglich gewesen wäre, hatte ich außer der Berliner Wohnung schon mein Atelierhaus in Radegast – so ist es unerfüllter Wunsch geblieben. Wenn ich heute in Potsdam mit meinem Hund spazieren gehe, habe ich eine Art Heimatgefühl. Es tauchen Erinnerungen auf, die gar keine Erinnerungen sind, sondern erzählte Erinnerungen, und ich denke, ich habe alles selbst erlebt. Das ist ja ganz häufig so, dass man vieles gar nicht wirklich erlebt hat, sondern es durch die Geschichten der anderen als eigenes Erlebnis empfindet. Wie wahr ist das, was war? Die Wahrheit und die Erinnerung können manchmal ganz schön auseinanderklaffen.

EG: Ja, die Erinnerung trügt oft, aber es gab ja niemanden mehr, den Du fragen konntest, also musstest Du Dich selbst als Chronistin auf den Weg machen, Dein Gedächtnis schärfen und eine Schneise durch die Zeit schlagen. Es sind die versunkenen Bilder, die im Laufe der Zeit hin und wieder an die Oberfläche des Bewusstseins schwappen und dann wieder abtauchen. Immer wieder erscheinen Motive aus der frühen Kindheit in Deinem gesamten Werk, doch das geschah unbewusst. Aber jetzt werden sie ganz bewusst geschaffen in diesem besonderen Werkzyklus.

F: 2013 unternahm ich vorsätzlich den Versuch, die in mir schlummernden Bilder meiner Kindheit hervorzuholen, sie aufzuzeichnen.

EG: Du hast es selbst gespürt natürlich, dass das immer schon ein Thema war.

F: Aber es war mir nicht bewusst. Wenn man immer wieder in die Vergangenheit zurückgeht, entwickelt man eine Art Mnemotechnik, eine Technik, sich zu erinnern. Ein Bild löst weitere Bilder aus. Ich fand das sehr spannend, und je mehr ich es tat, desto besser funktionierte es – fast wie eine Methode, so wie man etwas übt, kann man auch das Erinnern üben.

EG: Ja, das glaube ich auch, dass das so funktioniert. Als ich einmal aufgefordert wurde, eine Kindheitserinnerung aufzuschreiben, habe ich versucht, mich an die Topografie der Wohnung zu erinnern, in der ich als Kind gelebt habe, Raum für Raum. Langsam habe ich mich wieder erinnert, was ich in meinem Kinderzimmer gemacht habe, wo ich Kasperletheater gespielt habe, und dann kommen die Erinnerungen an die Ereignisse, die in diesem Raum stattgefunden haben.

F: Und die Menschen.

EG: Dann kommen die Wege von dem Haus zu bestimmten Orten und so weiter. Deine Form der Erinnerung sind die Bilder, mit denen Du Dich an Dinge herantastest. Plötzlich kommen neue Bilder und neue Einfälle und Assoziationen.

F: Harald Kimpel – Herausgeber von „documenta emotional" – forderte mich auf, für seine nächste Ausgabe, „documenta persönlich", etwas über die erste documenta zu schreiben, die ich als Kind erlebt hatte. 1955 wurde ich 16 Jahre alt. Da hab ich gedacht, Mensch, was war da eigentlich? Ich weiß nur, dass ich tief beeindruckt war. Zum Glück besaß ich den Katalog der ersten documenta, den hatte ich mit Kommentaren versehen.

EG: Ah ja. Du hast selber da Anmerkungen reingeschrieben?

F: Ja, reingeschrieben und reingezeichnet. Ich hab frech einfach die großen Meisterwerke konterkariert mit meinen kleinen naiven Bleistiftzeichnungen. Zuerst fragte ich mich, wieso war ich da? Meine Großmutter wohnte in Kassel an der Aue. Das Fridericianum kannte ich als Trümmerbau.

EG: Genau, Du schreibst da, es war eine Ruine.

F: Ich begab mich in meiner Erinnerung in die Räume und plötzlich sah ich, wie sie aussahen. Mir fielen die hohen unverputzten Wände und Metallstangen ein, an denen Bilder hingen.

EG: Ja, ja, ganz merkwürdige Konstruktionen.

F: Und da gab es dieses Chagall-Bild, das mich so faszinierte: Diese Frauengestalten mit ihren Brüsten, die bei mir damals noch gar nicht vorhanden waren. Immer mehr Kunstwerke, besonders Calder, kehrten zurück in meinen Kopf, das schrieb ich auf. In dem Augenblick, wo ich das Fridericianum in meiner Imagination betrat, kam die Geschichte ins Rollen. Das Gedächtnis funktionierte plötzlich. Erstaunlich war für mich während der gesamten Arbeit, so viel über das Gedächtnis zu erfahren. Gedächtnis und Erinnerung und …

EG: … wie das funktioniert.

F: Ja, diese Prozesse, die da im Gehirn ablaufen.

EG: Das Gedächtnis ist ja eher so was wie ein Archiv, wie eine Dokumentation. Die Erinnerung dagegen ist launischer, die ist viel offener. Also, man kann schon sagen, das Gedächtnis ist der Speicher, so eine Art Computerfestplatte, aber das ist eben nur ein Teil der Wahrheit. Es gibt Gedächtnis und Erinnerung, das sind zwei verschiedene Dinge, die nicht deckungsgleich sind. Es funktioniert eben genauso wenig wie unser Auge so funktioniert, dass wir eins zu eins das, was wir da sehen, gespiegelt projiziert bekommen auf einen imaginären Bildschirm in unserem Kopf. In Wirklichkeit nehmen wir ganz selektiv wahr. Wir nehmen wahr, was uns wichtig ist, was uns gerade beschäftigt, was uns vor allen Dingen emotional beschäftigt. Alles, was mit Emotionen verbunden ist, wird viel stärker im Gehirn verankert. Deshalb können wir uns bei besonders bedeutsamen Ereignissen wie dem Kennedy-Attentat noch ganz erinnern, was wir in dem Moment gemacht haben, wo wir gestanden haben, mit wem wir gesprochen haben.

F: Aber würdest Du das als Gedächtnis oder als Erinnerung bezeichnen?

EG: Das ist eine gute Frage. Einerseits funktioniert diese Erinnerung wie ein präzises Gedächtnis, andererseits ist der Auslöser für diese Gedächtnisleistung eine starke Emotion, die mit dem historischen Ereignis unauslöschlich verknüpft ist. Kennedy war ja damals für uns alle ein Held, Symbolfigur einer neuen Ära und einer neuen Art von Politik, auch wenn sich das alles inzwischen als ein Mythos entpuppt hat.

F: Die Erinnerung vermischt sich auch mit anderen Dingen. Das zeigt sich in meinen kleinen Bildern. Einerseits sind es Szenen aus meiner Kindheit, andererseits wurde ich laufend bombardiert mit Informationen über Kriegsschauplätze wie Syrien, den Maidan-Platz in Kiew, diese Ereignisse habe ich meinen Kindheitsbildern hinzugefügt. Was gerade in der Welt passiert, das entspricht dem, was ich früher erlebt habe. So mischen sich hier die Kriegstraumata aller Kinder der Welt von gestern und heute. Meine Aufzeichnungen sind mehr als eine Biografie oder erzählte Kriegserinnerungen. Ich mag die Verknüpfung zwischen den vergangenen und heutigen Geschehnissen. Du erwähnst die Kindersoldaten aus meiner Werkgruppe „Kinderspiele-paradiesisch" – mit Motiven der vermeintlich heilen Welt.

EG: Die Erinnerung an die eigenen Erfahrungen ermöglicht eine Empathie für die Leute, die heute davon betroffen sind.

F: Stimmt.

EG: Du hast eine andere Nähe oder eine andere Möglichkeit, das zu spüren …

F: Ja, es geht alle an - es ist ein globales Thema.

EG: Ja.

F: Wenn ich jetzt gucke, wo überall Kriege sind, und die Kinder in diesen fürchterlichen, unübersichtlichen Lagern, die Krankheiten, die Not, der Hunger, die Gewalt, ertappe ich mich beim Versuch, diese Bilder auszuschalten, sonst kann ich gar nicht mehr schlafen.

EG: Es ist so was wie das Rotkäppchen-Syndrom, das sich ja wie ein roter Faden durch Deine ganzen Bilder zieht. Die Gewalt an Kindern, an Menschen, die Bedrohung, die verdeckte Gewalt …

F: Das Hintergründige, hinter der Schönheit lauert das Unheil.

EG: Also, das Rotkäppchen ist so eine Metapher für die Hilflosigkeit und für die Offenheit und die Neugier auf die Welt, die dann brutal hintergangen oder zerstört wird. So wie der Männerschuh, den Niki de Saint Phalle in die Kinderwelt platziert, ein Symbol ist für den Übergriff des Erwachsenen in das Arkanum der Kindheit. Auch Deine Kindheitsbilder sind eben keine Märchenbilder. Auf den zweiten Blick zeigt sich zwischen den wunderbaren Seifenblasen die Drohne.
Das ist überhaupt das Eindrucksvollste an diesem Buch, an diesen Bildern, dass Du genau dieses Kippmoment zum Ausdruck bringst: Wir glauben alle an eine heile Welt, wir sind alle offen, wir wollen uns in diese Welt begeben ohne Misstrauen, ohne Angst und wir sind uns dennoch ständig bewusst, wie illusionär unser Idealismus ist. Das, was Ernst Bloch zum Ausdruck brachte, wenn er sagte, es gibt kein Paradies, aber eine Ahnung davon haben wir alle einmal erlebt in unserer Kindheit, wird sichtbar in Deinen Bildern. In unseren Erinnerungen war die Kindheit ein Stück Paradies, auch wenn diese mitten im Krieg sich ereignete. Hast Du da, zum Beispiel in diesem Irrenhaus in Göttingen, gespielt wie in einem Paradies?

F: Rückblickend ein bisschen Paradies, und ein bisschen „Twin Peaks" und ein bisschen „Shadowrun".

Hochwasser 2 (Rotkäppchen), 2013
Mischtechnik auf Leinwand, 80 × 160 cm

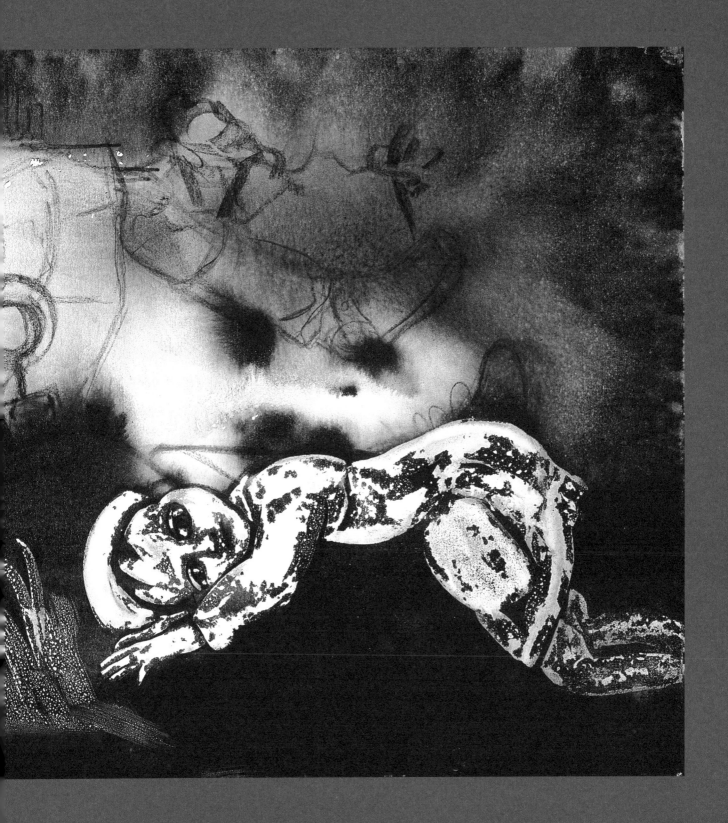

EG: Diese Ahnung von einem Paradies, das ist Dein großes Thema, und das ist wunderbar.

F: Ich bin sehr froh, dass Du das Rotkäppchen-Thema aufgreifst. In meiner Geschichte wird es nicht erwähnt, dabei gibt es so viele Rotkäppchen-Bilder, die nicht im Buch abgedruckt sind. Ich muss zugeben, dass mir das „Rotkäppchen-Syndrom" bis jetzt gar nicht bekannt war, so gibt mir Deine Interpretation ganz neue Aufschlüsse über mein vertrautes Motiv. Und wie Du sagst, steht das Rotkäppchen als Metapher für viele meiner Arbeiten, das werd' ich jetzt mal überprüfen – danke!

Deluge-Radegast (Rotkäppchen), 2013
Mischtechnik auf Leinwand, 30 × 24 cm

Der Schlaf der Vernunft IV, 2004
Mischtechnik auf Leinwand, 125 × 120 cm

FRANEK (Sabine FRANEK-Koch)

ist Malerin, Zeichnerin, Grafikerin. Plastiken, Fotos, Filme und Aufzeichnungen ergänzen ihr Werk.

In den 1970er- und 1980er-Jahren arbeitete sie im indianischen Kulturbereich: Mexico, Guatemala, Honduras – Mayaprojekt. In der Wüste von Nazca (Peru) assistierte sie der Mathematikerin Maria Reiche bei der Vermessung von Spiralen – Nazcaprojekt. Bei den Lakota (Sioux), Rosebud Indian Reservation, USA, zeichnete sie für das Übersee-Museum Bremen die Rituale auf.

Stipendien und „Residencies" unterstützten ihre Arbeit, u.a. Kunstfonds Bonn, Berliner Arbeitsstipendium, Djerassi Foundation, USA, Casa da Cultura, Portugal, Künstlerstätte Bleckede und Fundación Valparaíso, Spanien.

FRANEK lehrte an der Hochschule der Künste Berlin (heute Universität der Künste Berlin), an der Akademie für Industriedesign und Kunst in Helsinki und Lahti und an der Hochschule für Künste Bremen.

Die erste Einzelausstellung fand 1968 in der legendären Galerie Pels-Leusden in Berlin statt. Weitere folgten u.a. im Übersee-Museum Bremen, im Neuen Berliner Kunstverein, Märkischen Museum Witten, Heidelberger Kunstverein, Goethe-Institut Los Angeles, Museum Junge Kunst Frankfurt (Oder), in der Städtischen Galerie KUBUS und Galerie vom Zufall und vom Glück (Hannover), im Schloss Salder (Salzgitter), Kunstraum Potsdam sowie in Galerien in Deutschland, Frankreich, Finnland, Ungarn, USA.

Werke der Künstlerin hängen im Deutschen Bundestag, befinden sich u.a. in der Sammlung der Bundesrepublik Deutschland, der Stiftung Preußischer Kulturbesitz, Kupferstichkabinett Berlin, in der Sammlung des Auswärtigen Amtes in Berlin und Bonn, in der Berlinischen Galerie, im Märkischen Museum (Berlin), Sprengel Museum Hannover, Märkischen Museum Witten, Haus der Kunst (München), in der Kunsthalle Bremen, im Museum Junge Kunst (Frankfurt/Oder), in den Städtischen Kunstsammlungen (Salzgitter), im Städtischen Museum Mülheim an der Ruhr, in der Kunstsammlung des NDR, Hamburg, in der Bezirksregierung Lüneburg, in der Sammlung des Landes Niedersachsen (Hannover), in der Depfa Bank AG, Wiesbaden, in der Kreditanstalt für Wiederaufbau, BHF-Bank (Hannover, Frankfurt, Zürich), Berliner Volksbank, Kulturstiftung der Sparkasse Lüneburg, in den VGH Versicherungen (Hannover), in der Sammlung Haniel, Duisburg, Sammlung Iduna Nova, Hamburg, im Lahden Taidemuseo (Lahti, Finnland), in der Djerassi Foundation, USA, und in Privatsammlungen in Europa, Australien und den USA.

Elisabeth Voigtländer schrieb ihre Doktorarbeit über „FRANEK. Studien zur Ikonographie der Künstlerin", Universität Heidelberg, 2002.

FRANEK lebt in Berlin und Radegast.
www.franek-berlin.de

Unser Newsletter und unsere Facebook-Seite informieren Sie
über aktuelle Bücher und alle anderen Neuigkeiten unseres Verlags.

www.nicolai-verlag.de

Mit freundlicher Unterstützung der Sparkassenstiftung Lüneburg

Frontispiz, S. 4: Sabinchen war ein Frauenzimmer, 2013,
Mischtechnik auf Fermacell,
22 × 19,5 cm

Die Kugelschreiberzeichnungen (S. 20, 26, 34, 44, 49, 50, 52, 66)
entstammen Skizzenbüchern von 2012 bis 2015;
Größe: 20,7 × 14,5 cm
iPhone-Drawings: S. 7, 8, 36, 48, 64, 69, 102 und 224

Reproduktionen, Bildbearbeitung: Gerhard Haug, Berlin; Bild1Druck GmbH
Fotografen:
Isabel Mahns-Techau (S. 222)
HP Hoffmann, Düsseldorf (S. 106)
und die Künstlerin

© Günther Becker/© documenta Archiv (S. 76)
© bpk/CNAC-MNAM/Philippe Migeat (S. 77)
© VG Bild-Kunst, Bonn 2015
Marc Chagall
FRANEK

nicolai *Der Hauptstadtverlag*

© 2015 Nicolaische Verlagsbuchhandlung GmbH, Berlin, FRANEK und die Autoren
Lektorat: Lydia Fuchs
Herstellung: Susanne Raake
Konzept und Idee: FRANEK und Melanie Walter
Grafik: Buchgestaltung +

Printed in the EU

ISBN 978-3-89479-965-6